サラダ好きのシェフが考えた
サラダ好きに贈る
137のとっておきサラダ

音羽和紀

柴田書店

はじめに

サラダほど、自由で楽しい料理はありません。
そして、サラダほど、便利な料理もないかもしれません。

テーブルに季節感を添えたいと思ったら、
旬の野菜を使ったサラダが役立ちます。
春の空豆やグリーンピース、夏においしいなすやきゅうり、
秋から冬にかけての根菜類や葉物野菜。
旬の野菜は、そのままで充分おいしいものですから、
シンプルな味つけで、素材の味や香りを活かすといいでしょう。

冷蔵庫の中にある素材で、さっと作れるのもサラダのいいところ。
たとえば、焼いた鮭の残りやローストチキン、ゆで肉の切れ端、
少しだけ余ってしまったハムやチーズ、シラス干し。
使い方に困る半端素材は、サラダにするのがおすすめです。
お好みの野菜と合わせて、相性のよいドレッシングで和えるだけで、
りっぱな一皿に仕上がります。
おかずやお酒のおつまみが、なにかもう1品ほしいとき、
サラダはとても便利です。

副菜のひとつ、あるいは付け合わせとして扱われることの多いサラダですが、
ときには主役になることも。
ちょっと贅沢な素材や珍しい素材を使ったり、切り方や組み合わせを工夫したり、
あるいは器や盛り付けを、いつもと少し変えてみたり。
ちょっとしたことで、おもてなしやパーティにも使える
存在感のあるサラダになります。

この本では、そんな多彩なサラダを、できるだけ幅広くご紹介しています。
また、サンドイッチやコロッケなど、サラダを使って作ることのできる
料理のアイデアもいくつかご紹介しました。
さまざまな場面で、この本をお役立ていただければ幸いです。

音羽和紀

Contents

はじめに 3

おいしいサラダを作るために
組み合わせの法則 7
＋αで更においしく 9
基本のドレッシング・
　マヨネーズとそのバリエーション 10

POTATO　無限のじゃがいもサラダ
じゃがいもとカリフラワーとチキンのサラダ 12
じゃがいもと卵とブロッコリーのサラダ 14
じゃがいもと塩豚と春菊のサラダ 15
じゃがいもと鶏挽き肉と長ねぎのサラダ 15
じゃがいもとほうれん草と豚薄切り肉のサラダ 16
じゃがいもときのこと生ハムのサラダ 16
じゃがいもとホタテとブロッコリーのサラダ 17
じゃがいもとほうれん草とベーコンのサラダ 17
じゃがいもと鱈ときゅうりのサラダ 17
じゃがいもとサーモンと黒オリーブのサラダ 17
じゃがいもと半熟卵と黒オリーブのサラダ 20
じゃがいもといんげんと椎茸の揚げサラダ 20
野菜のマセドアンサラダ 20
じゃがいもとリンゴのサラダ 20
アボカドと紫じゃがいもとメークインのロール 21

SWEET POTATO & PUMPKIN　さつまいも、かぼちゃの大人サラダ
かぼちゃとじゃがいものクリームチーズソース 24
かぼちゃとさつまいものガトー　ゴルゴンゾーラ風味 24
さつまいものサラダ　ゴルゴンゾーラ風味 25
さつまいもと紫じゃがいものサラダ 25
じゃがいも、かぼちゃ、さつまいものクリームチーズ
　ソース 25
さつまいもとじゃがいものガトー　マスカルポーネ
　風味 25

AVOCADO　アボカドのヘルシーサラダ
アボカドとモッツァレラのサラダ 28
アボカドとえびとグレープフルーツのサラダ 29

アボカドとトマトとじゃがいものサラダ 29
アボカドとトマトときゅうりの白ワインヴィネガー
　ドレッシング 29

SPRING VEGETABLES　春色春野菜サラダ
春野菜と生ハムのサラダ　パルミジャーノ風味 32
菜の花とホタテのサラダ 33
春野菜とえびのサラダ　オレンジ風味 33
じゃがいもとグリーンピースとハムのサラダ 33
じゃがいもとグリーンピースとベーコンのサラダ
　 33

TOMATO　おしゃれトマトサラダ
パプリカと玉ねぎのオーブン焼きと
　フレッシュトマトのサラダ 36
焼きトマトとセルバチコのサラダ 37
トマトとホタテのロースト 37
トマトとチキンのロースト 37

EGGPLANT & CUCUMBER　なす、きゅうりのデリ風サラダ
なすのマリネ　バルサミコドレッシング 40
なすとトマトのローストサラダ 41
なすとししとうの西京味噌風味 41
たたききゅうりと鶏胸肉　きゅうりソース 41

ZUCCHINI　ズッキーニのサラダ
焼きズッキーニとトマトのサラダ 44
ズッキーニ、なす、パプリカのツナマヨネーズ 44

GREEN ASPARAGUS　グリーンアスパラガスのサラダ
グリーンアスパラガスとホタテのサラダ 45
グリーンアスパラガスとブロッコリーのサラダ
　ゴルゴンゾーラのソース 45

PEPPER　ピーマン、パプリカ、甘とうがらしのサラダ
パプリカと牛薄切り肉のサラダ 48
ピーマンとたたききゅうりのみょうが風味 49
ししとうとしらすのフレンチ生姜風味 49

万願寺とうがらしのオリーブ風味　49
万願寺とうがらしとししとうの網焼き　49

CABBAGE　便利なキャベツサラダ
コールスローとチキンのサラダ　カレー風味　52
キャベツとサラミソーセージのサラダ　53
キャベツとゴルゴンゾーラ、レモンのサラダ　53
キャベツと赤キャベツとチキンのサラダ　53
キャベツとゴルゴンゾーラのサラダ　53
赤キャベツとえびのサラダ　56
赤キャベツと焼きベーコンのサラダ　56
コーンとキャベツのサラダ　56
キャベツとベーコンのゆでサラダ　56

LETTUCE　レタスが主役のレタスサラダ
フリルレタスのフランス風　57
ロメインレタスとゴルゴンゾーラのサラダ　57
レタスとゴルゴンゾーラのサラダ　60
レタスのポン酢ソース　60
ロメインレタスとアボカドとトマトのサラダ　60
ロメインレタスと蒸し鶏のカレーマヨネーズ　60

OTHER LEAFY VEGETABLES
いろいろ葉野菜サラダ
ほうれん草と鶏レバーの温サラダ　61
小松菜のポシェとベーコン　赤ワインヴィネガー
　　ドレッシング　61
からし菜のポシェとスモークサーモン　赤ワイン
　　ヴィネガードレッシング　64
からし水菜と舞茸のサラダ　レバー風味　64
ルコラとスモークサーモンとベーコンのサラダ　64
春菊とベーコンのサラダ　65
リンゴとクレソンと生クルミのサラダ　65
アスパラ菜（オータムポエム）のフレンチマヨネーズ
　　65

BROCCOLI & CAULIFLOWER
ブロッコリー、カリフラワーの個性派サラダ
ブロッコリーのクリームソース　アンチョビ風味
　　68
カリフラワーのロースト　ラヴィゴットソース　68

ONION　玉ねぎのおつまみサラダ
玉ねぎのホイル焼き　69
玉ねぎとチキンのフリットサラダ　69

CARROT　おいしいにんじんサラダ
いろいろにんじんのロースト　72
にんじんロースト　セロリヨーグルト　73
にんじんサラダ（キャロットラペ）　73
にんじんとチキンのサラダ　73

BEET　ビーツの美サダラ
ビーツと柿とクレソンのサラダ　76
ビーツとリンゴと赤玉ねぎのサラダ　77
じゃがいも、ビーツ、きゅうりのヨーグルト
　　ドレッシング　77
じゃがいもとビーツと卵のサラダ　77
ビーツと大根のサラダ　77

TARO　里いもの和洋サラダ
里いもと春菊と豚薄切り肉のサラダ　80
里いもと長ねぎと鶏もも肉のサラダ　80

LOTUS ROOT　とまらないれんこんサラダ
れんこんのサラダ　粒マスタードマヨネーズ　81
れんこんと舞茸と雑穀のマヨネーズ和え　81
れんこんと鯖のサラダ　81

BURDOCK　ごぼうの食感サラダ
ごぼうのツナマヨネーズ　84
ごぼうと椎茸とクルミのサラダ　84
ごぼうのフリットといかのサラダ　84

DAIKON RADISH & TURNIP
大根、かぶの新感覚サラダ
大根とハムのサラダ　85
大根と春菊のサラダ　85
鶏胸肉と大根のロール　88
大根と椎茸のサラダ　89
かぶとリンゴとしらすのサラダ　89
いろいろ大根とかぶのサラダ　89
にんじんとクレソンと大根の甘酢サラダ　89

BEAN SPROUTS, NAPA CABBAGE, JAPANESE LEEK
もやし、白菜、長ねぎのサラダ
ねぎ、もやし、鶏のフレンチポン酢ドレッシング　92
白菜と干しえびのサラダ　92
下仁田ねぎのヴィネグレットソース　92

MIXED　ミックスしないミックスサラダ
野菜と鶏の春菊ドレッシング　93
焼き野菜と五穀米のサラダ　93

BEANS　簡単豆サラダ
いろいろ豆ときゅうり、ベーコンのヴィネグレット
　　ソース　96
いろいろ豆としめじ、いんげんのツナマヨネーズ　96

MUSHROOM　旨ききのこサラダ
舞茸と半熟卵とレバーのヴィネグレットソース　97
舞茸のコンフィのサラダ　97
いろいろきのこのサラダ　97
きのことじゃがいもと栗のポワレ　97

SEAFOOD　手軽な魚介サラダ
まぐろと山いもとセリのサラダ　100
まぐろのサラダ　春菊ソース　101
いなだのカルパッチョ　フレッシュトマト
　　ドレッシング　101
さわらとウドのピクルス　101
たことけゅうりのサラダ　104
パプリカとたこのサラダ　ツナ風味　104
えびと雑穀のマリネサラダ　104
きゅうりとえびのケチャップサラダ　105
アボカドペーストとえびとリンゴのサラダ　105
牡蠣のコンフィ　フレンチ大根ドレッシング　105

MEAT　野菜もおいしい肉サラダ
トレヴィスと舞茸とローストチキンのサラダ　108
クレソンとミニッツステーキのサラダ　109
鶏ささみの梅フレンチ大根ドレッシング　109

FRUITS　フルーツを活かすサラダ
じゃがいもとリンゴのヨーグルトドレッシング　112
グレープフルーツとオレンジのヨーグルト
　　ドレッシング　112
じゃがいもとパイナップルとチキンのヨーグルト
　　ドレッシング　112

NOODLES　おつまみ麺サラダ
おろしきゅうりのそうめんサラダ　113
トマト、パプリカのサルサソースのそうめんサラダ
　　113
舞茸と椎茸のそうめんサラダ　113
スパゲッティサラダ　フレッシュトマトドレッシング
　　113

ON TOAST　トーストサラダ
トースト＋卵サラダ　116
トースト＋じゃがいもとえびのサラダ　116
トースト＋いろいろきのこと玉ねぎのソテー、
　　春菊のサラダ　116
トースト＋じゃがいもとシュークルートと鱈のサラダ
　　116

SALSA　かけるサラダ。野菜のソース
トマトのサルサ　117
ほうれん草のサルサ　117

・材料の分量や「○人分」は、目安です。
・イモ類やカボチャ、アボカドなど、皮をむいて使用する
　素材は、皮をむいたあとの重量を記しています。
・本書中の「E.V.オリーブ油」は、エクストラ・ヴァージン
　・オリーブ油のことです。「オリーブ油」とだけ記されて
　いる場合はピュアオリーブ油を使用しています。
・E.V.オリーブ油の中には、味の個性の強いものもありま
　す。クセが強いと感じたら、サラダ油などと合わせて使
　用してください。
・基本のフレンチドレッシングとマヨネーズの作り方は、
　p.10、p.11でご紹介しています。

撮影　海老原俊之
デザイン　中村善郎　yen
編集　長澤麻美
協力　村川愛子

おいしいサラダを作るために

組み合わせの法則

サラダに難しいルールはありません。素材の組み合わせも味つけも自由自在。一緒に食べる料理やシーンに合わせ、好みのサラダを作ってください。ただし、基本的な組み合わせの法則を
頭に入れておくと、新しい素材に出会ったときにも役立ちますので、覚えておくとよいでしょう。
まずは、素材（野菜・魚介・肉など）とドレッシングや調味料を合わせるのが基本の形。
ここに「旨み」や「コク」、「味」や「香り」のアクセント、「歯応え」を加えていくことを意識すると、
味や食感にメリハリが生まれ、食べあきないサラダができ上がります。

1 素材

同じ素材でも、生のまま、ゆでる、蒸す、焼く、揚げるなど調理法や火の入れぐあい、
そして切り方などによっても、味わいが変わります。
素材選びとともに、調理法を選ぶことからサラダ作りは始まります。
複数の素材を組み合わせる場合は、味はもちろん色や食感のバランスも考えましょう。

2 ＋ ドレッシング、ソース

きちんと混ぜ合わせたドレッシングやマヨネーズ。
油（オリーブ油など）と酢（赤ワインヴィネガーなど）を軽く合わせたものなど。
基本的なものをいくつか覚えておくと、自分でアレンジもできて便利です。

フレンチドレッシング　　　　マヨネーズ　　　　バルサミコ酢 ＋ オリーブ油

3 ＋ 旨み、コクの素材

味に深みを出すために加えます。

卵（ゆで卵、温泉卵、ポーチドエッグなど）
チーズ（パルミジャーノ・レッジャーノ、ミモレット、ゴルゴンゾーラ、マスカルポーネなど）
レバー、ベーコン、生ハム、シラス干し、焼き・揚げによる香ばしさなど

卵

パルミジャーノ・
レッジャーノ・チーズ

ゴルゴンゾーラ

シラス干し

生ハム

作ってみよう（ポテトサラダ）

それでは、シンプルなポテトサラダを作ってみましょう（分量は2人分）。

メインの素材

ジャガイモ（160g）

さまざまな調理法の中から、「蒸して皮をむき、粗くつぶす」を選ぶ。
＊フォークなどを使って粗めにつぶしたジャガイモは、
マヨネーズやドレッシングとのからみもよく、
スプーンやフォーク、そして箸でも食べやすい。

合わせる素材

ブロッコリー

生ハム

緑色がきれいなブロッコリーを合わせる。
小房に分けたもの5〜6個を、塩ゆでして
冷水にとり、水気を切る。
旨みと塩味を加える生ハムを合わせる。
1〜2枚分をちぎる。

ドレッシング、ソース

マヨネーズ

フレンチドレッシング

マヨネーズ4：
フレンチドレッシング1の割合で
合わせる。

ポテトサラダ

すべてを合わせて和えれば、
でき上がり。

+αで更においしく

4 ＋ アクセント（味、香り）の素材

甘みのある素材を引き締める、あっさりとした味の組み合わせに
パンチを加えるなど、少量でも効果的。

レーズン	オリーブ	ケッパー	アンチョビ
黒コショウ	ニンニク	生姜	パセリ
ディル	アサツキ		

5 ＋ 歯応えの素材

食感に変化があると、食べあきません。カリッとした素材を思い浮かべてみてください。

| クルミ | ゴマ | 桜エビ | |
| クルトン（a） | クルトン（b） | クルトン（c） | クルトン（d） |

基本のドレッシング・マヨネーズとそのバリエーション

サラダに欠かせないドレッシングやマヨネーズは、基本的なものを覚えておけば、
それに他の調味料や素材をプラスすることで、さまざまなバリエーションを作ることができます。
ここでは、この本で使用した基本のフレンチドレッシングとマヨネーズ、
そして、これらに加える素材や調味料の例をご紹介します。便宜上2つに分けていますが、
どちらに加えてもよいものも多いので、いろいろ試してみてください。
＊ドレッシング、マヨネーズとも、さまざまなバリエーションのベースとして使える配合です。

フレンチドレッシング

材料（作りやすい量）
サラダ油　200g
A
├ 酢　（40～）50g
├ マスタード粉（またはディジョンマスタード）
│　　小さじ山盛り1
├ 玉ネギ（すりおろし。またはみじん切り）　30g
├ ニンニク（すりおろし。またはみじん切り）　少量
├ 塩　小さじ1（好みで）
└ コショウ　少量

ボウルにAを入れ、泡立て器で混ぜ合わせる。ボウルの端からサラダ油を少しずつ加えながら、全体をよく混ぜ合わせる。

＊酢や油、マスタードは好みのものを使い、分量も調整するとよい。
＊使う玉ネギ（普通の玉ネギか、新玉ネギかなど）の味により、ドレッシングの味も変わる。

味噌
大根おろし
ポン酢
ゆでた長ネギ
トマト
レモン
玉ネギ
生姜
フレンチドレッシング

マヨネーズ

材料（作りやすい量）
サラダ油　240g
A
├ 白ワインヴィネガー　5（〜10）g
├ ディジョンマスタード　（5〜）10g
├ 卵黄　2個
└ 塩、コショウ　各少量

ボウルにAを入れ、泡立て器で混ぜ合わせる。ボウルの端からサラダ油を少しずつ加えながら、全体をしっかりと固くなるまで混ぜ合わせる。

＊好みにより、ヴィネガーを強めたり、ゆで肉などが入ったサラダにはマスタードを多めにするなど、あとからでも味の調整が可能。

POTATO 無限のじゃがいもサラダ

ポテトサラダのバリエーションは無限です。合わせる素材や味つけはもちろん、じゃがいも自体の形状や調理法でも変化がつけられます。
じゃがいもを粗くつぶして作ったサラダは、サンドイッチやタルティーヌ、コロッケなどに展開できるのも魅力。

じゃがいもとカリフラワーとチキンのサラダ

カリフラワーとソテーした鶏肉入りです。
小さめのタルティーヌやコロッケにすれば、一口おつまみのでき上がり。

材料（3〜4人分）
ジャガイモ（メークイン）　180g
カリフラワー（ゆでたもの）　80g
鶏もも肉　60g
塩、黒コショウ　各少量
サラダ油　少量
A（作りやすい量）
├マヨネーズ　50g
└フレンチドレッシング（p.10参照）　30g
イタリアンパセリ（粗みじん切り）　適量

1　ジャガイモは、皮付きのまま蒸して皮をむき、粗くつぶす。ゆでたカリフラワーは、茎も含め小さく切る。
2　鶏肉は塩をして、サラダ油をひいたフライパンに入れて焼き、黒コショウをふる。粗熱をとり、小さめの一口大に切る。
3　Aを混ぜ合わせる。
4　1と2を合わせ、3を好みの量加えて和える。器に盛り、イタリアンパセリを散らす。

＊　小さめのタルティーヌやコロッケにする場合は、鶏肉は更に小さく切っておくとよい。

じゃがいもとカリフラワーとチキンのサラダを使って

タルティーヌに

食パンにサラダを平たく塗り広げ、食べやすい大きさに切る。

コロッケに

サラダを丸め、小麦粉、溶き卵、パン粉の順につけて揚げる。

＊水分量が多いと崩れやすいので、コロッケにする場合は、加えるドレッシングの量を少なめにしておくとよい。

じゃがいもと卵とブロッコリーのサラダ

卵を加えるとしっとりとまろやかな味わいに。
タルティーヌやサンドイッチにもぴったりです。

材料（3〜4人分）
ジャガイモ（メークイン）　240g
ブロッコリー　60g（好みにより増減）
ゆで卵　1個
塩、コショウ　各適量
A
├ マヨネーズ　30（〜50）g
└ フレンチドレッシング（p.10参照）　30g

1　ジャガイモは、皮付きのまま蒸して皮をむき、粗くつぶす。ブロッコリーは、塩を加えた湯でゆでて冷水にとり、水気を切り、細かく刻む。ゆで卵も5mm角ほどに切る。
2　Aをボウルで混ぜ合わせ、塩、コショウで味を調える。
3　2に1を入れて和える。

じゃがいもと卵とブロッコリーの
サラダを使って
タルティーヌに
食パンにサラダを平たく塗り広げ、
好みの形に切る。

じゃがいもと塩豚と春菊のサラダ

塩豚の塩気を味つけに。

材料（3～4人分）
ジャガイモ　260g
塩豚（*）　50g
春菊の葉　2～3枚
フレンチドレッシング（p.10参照）　60g
生姜（すりおろし）　少量

1　ジャガイモは、皮付きのまま蒸して皮をむき、粗くつぶす。
2　やわらかくゆでた塩豚を、細かくちぎる。
3　春菊は、生のままみじん切りにする。
4　フレンチドレッシングとおろし生姜をボウルで混ぜ合わせ、1、2、3を入れて和える。

*塩豚：小さな豚ブロック肉（できればショルダー）に、塩を多めにふり、1日ほど冷蔵庫でねかせたものを、水とともに鍋に入れて火にかけ、アクをとり、香味野菜（ニンジン、セロリ、玉ネギ）、ローリエを加え、やわらかくなるまでゆっくり弱火で煮る。あるいは（少量なので）、豚スライス肉に塩をふり、半日以上冷蔵庫でねかせた後、ゆでてもよい。

じゃがいもと鶏挽き肉と長ねぎのサラダ

コロッケにしてもおいしい組み合わせです。

材料（3～4人分）
ジャガイモ　260g
鶏挽き肉　50g
長ネギ（白い部分）　適量
A
├マヨネーズ　50g
├フレンチドレッシング（p.10参照）　20g
└味噌　適量
サラダ油、塩　各適量

1　ジャガイモは、皮付きのまま蒸して皮をむき、粗くつぶす。
2　フライパンにサラダ油をひき、鶏挽き肉を入れて炒めて火を通し、塩をする。
3　フライパンにサラダ油をひき、長ネギを入れて焼いた後、粗めに刻む。
4　Aをボウルで混ぜ合わせ、1、2、3を入れて和える。

じゃがいもとほうれん草と　　　　じゃがいもときのこと生ハムのサラダ
豚薄切り肉のサラダ

↓
じゃがいもとほうれん草と豚薄切り肉のサラダを使って

タルティーヌに　　　コロッケに

じゃがいもとホタテとブロッコリーの
サラダ

じゃがいもとほうれん草とベーコンの
サラダ

じゃがいもと鱈ときゅうりのサラダ

じゃがいもとサーモンと黒オリーブの
サラダ

じゃがいもとほうれん草と
豚薄切り肉のサラダ

葉野菜を加える場合は、水っぽくならないように
注意してください。

材料（2〜3人分）
ジャガイモ（メークイン）　200g
ホウレン草　25g
豚薄切り肉　25g（好みにより増減）
塩、コショウ　各適量
オリーブ油　適量
サラダ油　適量
A
┬マヨネーズ　40g
└フレンチドレッシング（p.10参照）　20g

1　ジャガイモは、皮付きのまま蒸して皮をむき、
　　粗くつぶす。
2　ホウレン草はさっと洗い、軽く塩をまぶす。オ
　　リーブ油をひいたフライパンに入れて軽くソテ
　　ーし、とり出して、細かく刻む（またはゆでて
　　冷水にとり、水気をよく切ってから刻んでもよ
　　い）。
3　豚薄切り肉は軽く塩をし、サラダ油をひいたフ
　　ライパンに広げてさっと焼く。粗熱をとり、細
　　切りにする。
4　Aをボウルで混ぜ合わせ、1、2、3を入れて和
　　える。

タルティーヌに

薄切りにしたパンに、サラダを平たく塗り広げる。

＊写真はカリフラワーのピクルスを添えたもの。

コロッケに

サラダを筒状にまとめ、小麦粉、溶き卵、パン粉
の順につけて揚げる。

＊水分量が多いと崩れやすいので、コロッケにす
る場合は、加えるドレッシングの量を少なめにし
ておくとよい。

じゃがいもときのこと生ハムのサラダ

ソテーしたキノコの風味がおいしい味つけです。

材料（2〜3人分）
ジャガイモ　200g
シイタケ　20g
シメジ　40g
ニンニク（みじん切り）　少量
生ハム（みじん切り）　10g
オリーブ油、塩　各適量
A
┬マヨネーズ　30g
└フレンチドレッシング（p.10参照）　30g

1　ジャガイモは、皮付きのまま蒸して皮をむき、
　　粗くつぶす。
2　フライパンにオリーブ油をひき、ニンニク、シ
　　イタケ、シメジを入れて炒め、塩をふる。
3　2のキノコをみじん切りにする。
4　Aをボウルで混ぜ合わせ、1、3、生ハムを入
　　れて和える。

じゃがいもとホタテと
ブロッコリーのサラダ

白っぽい素材の組み合わせには、
色のある野菜を加えましょう。

材料（2〜3人分）
ジャガイモ（メークイン）　200g
ホタテ貝柱（小。刺身用）　2〜3個
ブロッコリー（花蕾の部分）　30g
A
┬マヨネーズ　40g
└フレンチドレッシング（p.10参照）　20g
塩　適量

1　ジャガイモは、皮付きのまま蒸して皮をむき、
　　粗くつぶす。
2　ホタテ貝柱は塩をふり、さっと湯通しする。小
　　さめの一口大に切る（または粗くほぐす）。
3　ブロッコリーは塩ゆでして冷水にとり、水気を
　　切る。食べやすい大きさに切る。
4　Aをボウルで混ぜ合わせ、1、2、3を入れて和
　　える。

じゃがいもと鱈ときゅうりのサラダ

相性のいいジャガイモとタラの組み合わせに、
キュウリやオリーブでアクセントを加えました。

材料（2〜3人分）
ジャガイモ　200g
キュウリ　30g
玉ネギ　20g
タラ（切り身）　適量
緑オリーブ　4個
レモンの皮　少量
イタリアンパセリ（粗みじん切り）　少量
A
├フレンチドレッシング（p.10参照）　60g
└マヨネーズ　20g
塩　適量

1　ジャガイモは、皮付きのまま蒸して皮をむき、
　　粗くつぶす。
2　キュウリは5mm角に切る。玉ネギはみじん切
　　りにする。
3　タラは塩をふり、ゆでて、身を粗くほぐす。
4　オリーブは種を抜き、粗くつぶす。
5　Aをボウルで混ぜ合わせ、1、2、3、4、すり
　　おろしたレモンの皮を入れて和える。
6　5を器に盛り、イタリアンパセリを散らす。

じゃがいもとほうれん草と
ベーコンのサラダ

キタアカリは、ホクホクとした食感と
甘みのある味が特徴。
ポテトサラダにぴったりの品種です。

材料（2〜3人分）
ジャガイモ（キタアカリ）　230g
ホウレン草　20g
ベーコン　25g
A
├マヨネーズ　40g
└フレンチドレッシング（p.10参照）　20g
塩　適量

1　ジャガイモは、皮付きのまま蒸して皮をむき、
　　粗くつぶす。
2　ホウレン草は、塩を加えた湯でゆでて、冷水に
　　とる。水気をしっかりとり、みじん切りにする。
3　ベーコンは5mm角に切り、さっと湯通しする。
4　Aをボウルで混ぜ合わせ、1、2、3を入れて和
　　える。

じゃがいもとサーモンと
黒オリーブのサラダ

黒オリーブが味のアクセント。
ワインにもよく合うおつまみになります。

材料（2〜3人分）
ジャガイモ（男爵）　200g
ブロッコリー　20g
├◎塩ゆでして冷水にとり、水気を切って、花蕾の先端
└　部分を切りとったもの。
スモークサーモン（食べやすい大きさに切る）　35g
黒オリーブ（種を抜いてつぶす）　4〜5個分
玉ネギ（みじん切り）　15g
A
├フレンチドレッシング（p.10参照）　60g
└マヨネーズ　20g

1　ジャガイモは、皮付きのまま蒸して皮をむき、
　　粗くつぶす。
2　Aをボウルで混ぜ合わせ、1、ブロッコリー、
　　スモークサーモン、黒オリーブ、玉ネギを入れ
　　て和える。

じゃがいもと半熟卵と黒オリーブのサラダ

じゃがいもといんげんと椎茸の揚げサラダ

野菜のマセドアンサラダ

じゃがいもとリンゴのサラダ

アボカドと紫じゃがいもとメークインのロール

じゃがいもと半熟卵と黒オリーブの サラダ

卵のコクと黒オリーブのアクセントがきいた、
味にメリハリのあるポテサラです。

材料（2〜3人分）
ジャガイモ　200g
黒オリーブ　5〜6個
玉ネギ　適量
半熟ゆで卵（卵を水から入れ、沸いてから
　5〜7分ゆでたもの）　2個
A
├ フレンチドレッシング（p.10参照）　40g
└ マヨネーズ　20g
塩　適量

1　ジャガイモは、皮付きのまま蒸して皮をむき、
　粗くつぶす。
2　黒オリーブは種を抜き、粗くつぶす。玉ネギは
　みじん切りにする。半熟卵は粗く切る。
3　Aをよく混ぜ合わせる。
4　1のジャガイモと3をよく和え、2の黒オリー
　ブと玉ネギを加えて合わせ、塩で味を調える。
　最後に半熟卵を加えてさっと合わせる。

野菜のマセドアンサラダ

テーブルが華やぐカラフルなサラダ。
食感の異なる野菜を組み合わせると
いいでしょう。

材料（2〜3人分）
ジャガイモ　60g
サツマイモ　40g
ベーコン　40g
ニンジン　40g
インゲン　20g
キュウリ　20g
大根　40g
塩　適量
フレンチドレッシング（p.10参照）　10g
マヨネーズ　50g

1　ジャガイモとサツマイモは、皮付きのまま蒸し
　て皮をむき、粗熱がとれたら1.5cm角に切る。
2　ベーコンは1cm角に切り、さっと湯通しする。
　ニンジンも1cm角に切り、ゆでる。
3　インゲンは塩ゆでして冷水にとり、水気をと
　った後1cm幅程度に切る。キュウリと大根は
　1cm角に切り、軽く塩をふっておく。
4　1、2、3を合わせ、フレンチドレッシングで
　和えて下味をつけた後、マヨネーズを加えて和
　える。

じゃがいもといんげんと椎茸の揚げサラダ

揚げた野菜には、蒸したりゆでたりしたものとはまた違ったおいしさがあります。

材料（2人分）
ジャガイモ　150g
シイタケ　大1個
インゲン　30g
揚げ油　適量
赤玉ネギ（みじん切り）　少量
赤ワインヴィネガードレッシング　適量
◎赤ワインヴィネガー1：E.V.オリーブ油1の割合で合わせ、塩、コショウで味を調える。

1　ジャガイモは、皮をむいて1.5cm角に切る。シイタケもジャガイモに大きさをそろえて切る。インゲンは2cm幅程度に切る。
2　ジャガイモは180〜190℃の油で素揚げする（色をしっかりつけたければ二度揚げする）。シイタケとインゲンもそれぞれさっと素揚げする。
3　2に赤玉ネギ、赤ワインヴィネガードレッシングを加えて和える。

じゃがいもとリンゴのサラダ

ホクホクとしたジャガイモと、シャリシャリとしたリンゴの歯応えの違いがポイント。
レーズンが味わいを引き締めます。

材料（2人分）
ジャガイモ（キタアカリ）　120g
リンゴ　60g
レーズン　15g
白ワイン　適量
A
マヨネーズ　40g
クリームチーズ　10g

1　ジャガイモは、皮付きのまま蒸して皮をむき、粗熱がとれたら1.5cm角に切る。
2　リンゴは皮をむき、1.5cm角に切る。
3　レーズンは白ワインに浸しておく。
4　Aをボウルで混ぜ合わせる（固いようならレーズンの戻し汁でのばす）。1、2、水気を切った3のレーズンを入れて和える。

アボカドと紫じゃがいもとメークインのロール

2色のジャガイモとアボカドの色を活かして、ちょっとユニークな形に仕立てました。

材料（2〜3人分）
ジャガイモ（メークイン）　160g
紫ジャガイモ（シャドークイーン）　60g
アボカド（熟したもの）　40g
レモン果汁　少量
フレンチドレッシング（p.10参照）　少量
A
マヨネーズ　40g
生クリーム　20g
塩、コショウ、レモン果汁　各適量
レーズン（みじん切り）　少量
◎マヨネーズと生クリームを混ぜ合わせ、塩、コショウ、レモン果汁で味を調える。レーズンを加えて混ぜる。

1　ジャガイモと紫ジャガイモは、皮付きのまま蒸して皮をむき、つぶす。それぞれに、フレンチドレッシングをほんの少量加えて混ぜる。
2　アボカドは皮をむき、つぶしてペースト状にする。レモン果汁とフレンチドレッシングをほんの少量加えて混ぜる。
3　ラップフィルムを広げて1のジャガイモを平らに広げる。その片側寄りに、1の紫ジャガイモを丸くのせ（写真a）、その上に2のアボカドをのせる（写真b）。下のラップを使い、ジャガイモのペーストをアボカドのペーストの上にかぶせるように折りたたむ（写真c）。ラップで包んでしっかりなじませる（写真d）。
4　3のラップをはずし、半分に切り分けて器に盛り、Aのソースをかける。

a

b

c

d

SWEET POTATO & PUMPKIN
さつまいも、かぼちゃの大人サラダ

自然な甘みが魅力の野菜です。
2つを混ぜて使っても、じゃがいもをプラスしてもおいしい。
チーズとも相性がよく、大人っぽいサラダも作れます。

かぼちゃとじゃがいもの
クリームチーズソース

かぼちゃとさつまいものガトー
ゴルゴンゾーラ風味

さつまいものサラダ
ゴルゴンゾーラ風味

さつまいもと紫じゃがいものサラダ

じゃがいも、かぼちゃ、
さつまいものクリームチーズソース

さつまいもとじゃがいものガトー
マスカルポーネ風味

かぼちゃとじゃがいもの
クリームチーズソース

カボチャの甘みにクリームチーズが加わって、
まろやかに。最後に黒コショウを挽きかけて、
味を引き締めます。

材料（2人分）
カボチャ　120g（蒸して皮を除いた重さ）
ジャガイモ（男爵）　60g
玉ネギ（薄切り）　15g
A
├ フレンチドレッシング（p.10参照）　15g
├ マヨネーズ　15g
└ マスカルポーネ（クリームチーズ）　30g
ミモレット・チーズ　適量
黒コショウ（粒）　適量

1　カボチャとジャガイモは、皮付きのまま蒸して
　　皮を除き、粗くつぶす。
2　Aをボウルで混ぜ合わせ、1と玉ネギを入れて
　　和える。
3　2を器に盛り、上からミモレット・チーズを削
　　りかけ、黒コショウを挽きかける。

かぼちゃとさつまいものガトー
ゴルゴンゾーラ風味

ゴルゴンゾーラ（ブルーチーズ）を
ほんのりきかせています。
セルクル型を使って楽しい盛り付けに。

材料（作りやすい量）
カボチャ　150g（蒸して皮を除いた重さ）
サツマイモ　100g
玉ネギ（みじん切り）　10g
ベーコン（みじん切り）　10g
赤ワインヴィネガードレッシング　15gほど
├ ◎赤ワインヴィネガー1：E.V.オリーブ油1の割合で
└ 　合わせ、塩、コショウで味を調える。
A
├ 生クリーム　15g
└ ゴルゴンゾーラ（ブルーチーズ）　10g
牛乳（必用なら）　少量
塩、コショウ　各適量
枝豆（ゆでてさやから出す）　適量
ハチミツ（好みで）　少量

1　カボチャとサツマイモは、皮付きのまま蒸して
　　皮を除き、粗くつぶす。
2　1と玉ネギ、ベーコンを混ぜ合わせる。赤ワイ
　　ンヴィネガードレッシングで和えて下味をつけ
　　る。
3　Aをよく練り合わせてクリーム状にする。2に
　　加えて混ぜ合わせ（固いようなら、牛乳を少量
　　加えてゆるめる）、塩、コショウで味を調える。
4　3を直径10cmほどのセルクル型にきっちり詰
　　める（冷蔵庫で冷やさない）。
5　セルクル型から抜いて器に盛り、枝豆を散らす。
　　好みでハチミツをかけてもよい。

さつまいものサラダ
ゴルゴンゾーラ風味

甘みのある素材とブルーチーズはよく合います。
サツマイモのサラダが大人むきの味に。

材料（2人分）
サツマイモ　200g
玉ネギ（みじん切り）　20g
レーズン（刻んだもの）　8g
A
├ マヨネーズ　40g
├ フレンチドレッシング（p.10参照）　10g
└ クリームチーズ　10g
ゴルゴンゾーラ（ブルーチーズ）　好みの量
黒コショウ（粒）　少量

1　サツマイモは、皮付きのまま蒸して皮をむき、
　　粗くつぶす。
2　Aをボウルで混ぜ合わせ、1、玉ネギ、レーズ
　　ンを入れて和える。
3　2を器に盛り、ゴルゴンゾーラをちぎって散ら
　　す。黒コショウを挽きかける。

さつまいもと紫じゃがいものサラダ

サツマイモの黄色と、
紫ジャガイモ（シャドークイーン）の紫色の
組み合わせが美しい。
ドレッシングは混ぜ込まず、
上にかけると色が活きます。

材料（2人分）
サツマイモ　140g
紫ジャガイモ（シャドークイーン）　80g
フレンチドレッシング（p.10参照）　50g
シイタケ　1個
生姜（すりおろし）　適量
白ゴマ　少量
サラダ油、塩　各適量

1　サツマイモと紫ジャガイモは、皮付きのまま蒸
　　して皮をむき、粗くつぶす。
2　シイタケは、サラダ油をひいたフライパンで焼
　　いて軽く塩をし、細かく刻む。
3　フレンチドレッシングに2とおろし生姜、白ゴ
　　マを加えて混ぜ合わせる。
4　1を器に盛り、3をかける（食べるときに全体
　　を混ぜ合わせる）。

じゃがいも、かぼちゃ、さつまいもの
クリームチーズソース

ドライフルーツやクルミで、
味や食感にアクセントを加えます。

材料（3～4人分）
ジャガイモ、カボチャ、サツマイモ（すべて皮付きの
　　まま蒸して、皮を除いたもの）　各90g
クリームチーズソース
├ クリームチーズ　50g
├ 牛乳　30g
├ ハチミツ　10g
├ フレンチドレッシング（p.10参照）　20g
└ 玉ネギ（みじん切り）　少量
ドライプラム（またはドライプルーン。小さめに切る）
　　1個分
クルミ（オーブンでローストし、細かく刻む）　少量

1　蒸したジャガイモ、カボチャ、サツマイモは、
　　それぞれ粗くつぶす。
2　クリームチーズソースの材料をすべて混ぜ合わ
　　せる。
3　皿に1を盛り、2をまわしかける。ドライプラ
　　ムとクルミを散らす。

さつまいもとじゃがいものガトー
マスカルポーネ風味

ケーキのように仕立てた、楽しい盛り付け。
おもてなしにもおすすめです。

材料（3～4人分）
サツマイモ（安納芋などがよい）　120g
ジャガイモ　180g
マヨネーズ　40g
マスカルポーネ（クリームチーズ）　20g
牛乳　適量
塩、コショウ　各適量
ミモレット・チーズ（削る）　適量

＊サツマイモ2：ジャガイモ3程度の割合が、なじみや
すい。

1　サツマイモとジャガイモは、それぞれ皮付きの
　　まま蒸して皮をむき、粗くつぶす。よく混ぜ合
　　わせ、直径12cmほどのセルクル型にきっちり
　　詰める。
2　マヨネーズとマスカルポーネを混ぜ合わせ、牛
　　乳で濃度を調整する。塩、コショウで味を調え
　　る。
3　1を型から抜いて器に盛り、全体を覆うように
　　2のソースをかける。ミモレット・チーズを散
　　らす。

AVOCADO
アボカドのヘルシーサラダ

栄養価の高さや美容効果への期待から、ちょっとしたブームになった野菜です。皮をむいてすぐに使えるのも便利。

アボカドとモッツァレラのサラダ

アボカドとえびと
グレープフルーツのサラダ

アボカドとトマトとじゃがいもの
サラダ

アボカドとトマトときゅうりの
白ワインヴィネガードレッシング

アボカドとモッツァレラのサラダ

アンチョビの旨みと塩気をアクセントに。

材料（2人分）
アボカド（熟したもの）　1個
レモン果汁　少量
モッツァレラ・チーズ　適量
アンチョビ　1〜2枚
A
├ ヨーグルト（プレーン）　60g
├ 白ワインヴィネガー　5〜10g
├ オリーブ油　20g
└ 塩、コショウ　各適量

1　アボカドは皮をむき、薄切りにしてレモン果汁
　　をかけ、皿に並べる。
2　モッツァレラ・チーズは1cm角に、アンチョ
　　ビは小さめに切って1に散らす。
3　Aを混ぜ合わせて2にかける。

アボカドとえびとグレープフルーツの
サラダ

ドレッシングには、ケチャップを少量加えて
ほんのりピンク色に。
きれいな色の組み合わせです。

材料（2人分）
アボカド（熟したもの）　1個
レモン果汁　少量
小エビ（殻をむく）　3本
ルビーグレープフルーツ（房から切り出した実）
　　2房分ほど
A
├ マヨネーズ　40g
├ フレンチドレッシング（p.10参照）　20g
├ トマトケチャップ　適量
└ ◎混ぜ合わせる。牛乳（分量外）で濃度を調整しても
　　よい。

1　アボカドは皮をむき、薄切りにしてレモン果汁
　　をかけ、皿に並べる。
2　エビはゆでて、1cm幅に切る。
3　ルビーグレープフルーツの実は、横4等分ほど
　　に切る。
4　1に2、3を散らし、Aをかける。

30

アボカドとトマトとじゃがいものサラダ

野菜を複数組み合わせるときは、
ひとつ違う食感や味のものを加えておくと
バランスがよくなります。

材料（2〜3人分）
アボカド（熟したもの）　1/2個
ジャガイモ（メークイン）　160g
プチトマト　2個
アサツキ　少量
A
├ フレンチドレッシング（p.10参照）　40g
├ マヨネーズ　40g
└ ◎混ぜ合わせる。

1　アボカドは皮をむき、1.5cm角に切る。
2　ジャガイモは、皮付きのまま蒸して皮をむき、
　　粗熱がとれたら1.5cm角に切る。
3　プチトマトは4等分のくし形に切る。アサツキ
　　は小口切りにする。
4　1、2、3を合わせ、Aを加えて和える。

アボカドとトマトときゅうりの白ワインヴィネガードレッシング

料理の付け合わせにもいい、
さっぱりとしたサラダです。

材料（2人分）
アボカド（熟したもの）　1/2個
キュウリ　1/3本
トマト　1個
緑オリーブ　適量
玉ネギ（みじん切り）　少量
塩　少量
白ワインヴィネガードレッシング
├ ◎白ワインヴィネガー 30g、E.V.オリーブ油30gを
└ 　合わせ、塩、コショウで味を調える。

1　アボカドは皮をむき、1.5cm角に切る。
2　キュウリもアボカドの大きさにそろえて切り、
　　塩を少量ふる。
3　トマトは皮付きのまま1cm角に切る。
4　1、2、3と緑オリーブ、玉ネギを和えて器に盛る。
　　白ワインヴィネガードレッシングをかける。

SPRING VEGETABLES 春色春野菜サラダ

春にはフレッシュな豆類や菜の花、新玉ねぎなど
やさしい色合いの野菜が出回ります。
きれいな色を活かして、季節感のあるサラダに。

春野菜と生ハムのサラダ　パルミジャーノ風味

菜の花とホタテのサラダ

春野菜とえびのサラダ
オレンジ風味

じゃがいもとグリーンピースと
ハムのサラダ

じゃがいもとグリーンピースと
ベーコンのサラダ

じゃがいもとグリーンピースと
ハムのサラダを使って
焼きポテトコロッケ

春野菜と生ハムのサラダ
パルミジャーノ風味

いろいろな春の野菜を組み合わせた、
季節感たっぷりのサラダ。生ハムやチーズの
風味で、味にメリハリをつけます。

材料（1～2人分）
A
├ 菜の花　2本
├ スナップエンドウ　5～6本
├ グリーンピース　好みの量
├ ソラ豆　4～5粒
├ プチヴェール　2株
└ 新玉ネギ（中心の部分）　好みの量
生ハム（薄切り）　適量
赤ワインヴィネガードレッシング　適量
├ ◎赤ワインヴィネガー 1：E.V.オリーブ油1の割合で
└ 合わせ、塩、コショウで味を調える。
パルミジャーノ・レッジャーノ・チーズ　適量
塩　適量

＊野菜は好みのものでよい。

1　Aはそれぞれ塩ゆでして冷水にとり、水気をよ
　　くとる。ソラ豆は薄皮をむく。
2　1を器に盛り、生ハムをちぎってのせる。赤ワ
　　インヴィネガードレッシングをまわしかけ、上
　　からパルミジャーノ・チーズを削りかける。

菜の花とホタテのサラダ

菜の花には、マスタードの風味がよく合います。

材料（1～2人分）
ホタテ貝柱（刺身用）　3個
ベーコン　30g
菜の花　2本
A
├ フレンチドレッシング（p.10参照）　30g
└ 粒マスタード　8g
パルミジャーノ・レッジャーノ・チーズ
　（削る。または粉末）　適量
塩、サラダ油　各適量

1　ホタテ貝柱は軽く塩をする。サラダ油をひいた
　　フライパンに入れ、表面をさっと焼く（半生で
　　よい）。
2　ベーコンは棒状に切り、さっと湯通しする。
3　菜の花は、塩を加えた湯でゆでる。冷水にとり、
　　水気をよくとる。
4　Aを混ぜ合わせる（味が強ければ、水や野菜の
　　ゆで汁で調整する）。
5　皿に1、2、3を盛り付け、4をまわしかける。
　　パルミジャーノ・チーズを削りかける。

春野菜とえびのサラダ　オレンジ風味

ソースにもオレンジの果汁を少し加えておくと、
全体のつながりがよくなります。

材料（1〜2人分）
小エビ（殻をむく）　3本
菜の花　2本
ソラ豆　3粒
塩　適量
オレンジマヨネーズソース
├ マヨネーズ　30g
├ 生クリーム　10g
├ オレンジ果汁　5〜10g
└ 塩、コショウ　各適量
オレンジ（房から切り出した実）　1〜2房分
セルフィーユ　適量

1　エビはゆでる。
2　菜の花とソラ豆は、塩を加えた湯でゆでて冷水
　　にとり、水気をよくとる。ソラ豆は薄皮をむく。
3　オレンジマヨネーズソースの材料を、ボウルで
　　よく混ぜ合わせる。1と2を入れてさっと和え
　　る。
4　3を器に盛り、横4、5等分に切ったオレンジの
　　実を散らし、セルフィーユを添える。

じゃがいもとグリーンピースと
ベーコンのサラダ

グリーンピースの味や食感が楽しめるよう、
マヨネーズを使わないさっぱり味に。

材料（2人分）
ジャガイモ　160g
グリーンピース　50g
ベーコン　30g
フレンチドレッシング（p.10参照）　60g
塩　適量

1　グリーンピースは、塩を加えた湯でゆでて、冷
　　水にとる。水気をとる。
2　ジャガイモは、皮付きのまま蒸して皮をむき、
　　粗くつぶす。
3　ベーコンは棒状に切り、さっと湯通しする。
4　1、2、3をボウルで合わせ、フレンチドレッ
　　シングを加えて和える。

じゃがいもとグリーンピースと
ハムのサラダ

グリーンピースもジャガイモと同じように
軽くつぶしておくと、なじみがよくなります。

材料（2人分）
ジャガイモ　160g
グリーンピース　50g
ハム　30g
塩　適量
A（量は好みにより増減）
├ フレンチドレッシング（p.10参照）　30g
└ マヨネーズ　30g

1　グリーンピースは、塩を加えた湯でゆでて、冷
　　水にとる。水気をとり、軽くつぶしておく。
2　ジャガイモは、皮付きのまま蒸して皮をむき、
　　粗くつぶす。
3　ハムは1.5cm角に切る。
4　Aをボウルで混ぜ合わせ、1、2、3を入れて
　　和える。

焼きポテトコロッケ

一見普通のコロッケのように見えますが、
上記のサラダをオーブンで焼いた
焼きコロッケです。中のサラダをはじめから
この料理用に作るなら、マヨネーズだけで
作ると、よりまとまりやすくなります。

1　上記のサラダを、コロッケの形にまとめる。
2　1に小麦粉、溶き卵、パン粉の順につける。
3　2を200〜220℃のオーブンに入れ、キツネ色
　　になるまで焼く。
4　器に盛り、レモンを添える。

TOMATO おしゃれトマトサラダ

サラダに欠かせない野菜です。
旨み、甘み、酸味のバランスのいい、完熟のトマトを使ってください。
フレッシュはもちろん、火を入れたときのおいしさに差が出ます。

パプリカと玉ねぎのオーブン焼きとフレッシュトマトのサラダ

焼きトマトとセルバチコのサラダ

トマトとホタテのロースト

トマトとチキンのロースト

パプリカと玉ねぎのオーブン焼きと
フレッシュトマトのサラダ

パプリカや玉ネギの焼き目も味の要素。
フレッシュのトマトが更においしく食べられます。

材料（2〜3人分）
パプリカ（赤）　100g
パプリカ（黄）　50g
玉ネギ　60g
トマト　120g
緑オリーブ　3〜4個
イタリアンパセリ　適量
赤ワインヴィネガードレッシング　適量
├◎赤ワインヴィネガー1：E.V.オリーブ油1の割合で
└　合わせ、塩、黒コショウで味を調える。
オリーブ油、塩、黒コショウ　各適量

1　パプリカと玉ネギは一口大に切る。耐熱皿にの
　　せて軽く塩をふり、オリーブ油をまわしかけ、
　　200℃のオーブンで軽く焦げ目がつく程度に焼
　　く。粗熱をとっておく。
2　トマトは皮付きのまま、2cm角に切る。
3　赤ワインヴィネガードレッシングで1、2を和
　　える。
4　3を器に盛って緑オリーブを添え、イタリアン
　　パセリを散らす。

＊　ニンニクオイルをまわしかけると、更に風味がよ
　　い。

焼きトマトとセルバチコのサラダ

焼いたトマトのおいしさを主役にしたサラダ。
上にのせるもので、さまざまなアレンジが
可能です。

材料（1人分）
トマト　1個
A
├玉ネギ（細切り）　適量
└生ハム（またはコッパ。細切り）　適量
生ハム（またはコッパ。薄切り）　1枚
セルバチコ　適量
赤ワインヴィネガードレッシング　適量
├◎赤ワインヴィネガー1：E.V.オリーブ油1の割合で
└　合わせ、塩、コショウで味を調える。
オリーブ油　適量

1　トマトはヘタと反対側に軽く十字の切り目を入
　　れ、ヘタ側を下にして耐熱皿にのせ、オリーブ
　　油をまわしかけてオーブンで焼く。
2　1を皿に盛り、Aを合わせてのせる。
3　2にセルバチコと生ハムを添え、赤ワインヴィ
　　ネガードレッシングをまわしかける。

トマトとホタテのロースト

レストランのオードヴル風の盛り付けですが、
作り方はとても簡単です。

材料（1人分）
トマト（横半分に切ったもの）　1/2個
ホタテ貝柱（刺身用）　1個
生ハム　適量
ルコラ　適量
赤ワインヴィネガードレッシング　適量
├◎赤ワインヴィネガー1：E.V.オリーブ油1の割合で
└　合わせ、塩、コショウで味を調える。
塩、オリーブ油　各適量

1　横半分に切ったトマトに塩とオリーブ油をか
　　け、オーブンで焼く。
2　ホタテ貝柱に軽く塩をふり、オリーブ油をひい
　　たフライパンに入れて両面をさっと焼く（1と
　　一緒にオーブンで焼いてもよい）。
3　1のトマトを皿に盛り、2のホタテをのせる。
　　赤ワインヴィネガードレッシングをかけ、生ハ
　　ムとルコラを添える。

トマトとチキンのロースト

こちらは鶏肉バージョン。肉と付け合わせの量の
バランスを変えるとサラダになるという例です。

材料（1人分）
トマト（横半分に切ったもの）　1/2個
鶏もも肉　40g
ニンニク　少量
玉ネギ（薄切り）　少量
ベビーリーフ　適量
赤ワインヴィネガードレッシング　適量
├◎赤ワインヴィネガー1：E.V.オリーブ油1の割合で
└　合わせ、塩、コショウで味を調える。
塩、オリーブ油　各適量

1　横半分に切ったトマトに塩とオリーブ油をか
　　け、オーブンで焼く。
2　鶏肉は小さめの一口大に切り、軽く塩をふる。
　　オリーブ油をひいたフライパンにニンニクとと
　　もに入れて焼く（または1と一緒にオーブンで
　　焼いてもよい）。
3　1のトマトを皿に盛り、2の鶏肉と玉ネギをの
　　せる。赤ワインヴィネガードレッシングをまわ
　　しかけ、ベビーリーフを添える。

EGGPLANT & CUCUMBER
なす、きゅうりのデリ風サラダ

夏らしい野菜の代表です。油と相性のいいなすは、
やはり油と一緒に使うのがおすすめです。
きゅうりのほうは、パリッとした食感を活かすといいでしょう。
すりおろせば、おいしいソースにもなります。

なすのマリネ　バルサミコドレッシング

なすとトマトのローストサラダ

なすとししとうの西京味噌風味

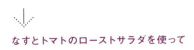

なすとトマトのローストサラダを使って

タルティーヌに

上記のサラダにマヨネーズを少量加えて混ぜ合わせ、薄切りにしたパンに平たく塗り広げる。

たたききゅうりと鶏胸肉 きゅうりソース

なすのマリネ　バルサミコドレッシング

油で焼いたナスと、アンチョビ、黒オリーブ、
バルサミコ酢は相性のいい組み合わせです。

材料（2〜3人分）
ナス　2本
オリーブ油　適量
バルサミコドレッシング　適量
└◎バルサミコ酢1：E.V.オリーブ油1の割合で合わせ、
　塩、コショウで味を調える。
A
├黒オリーブ（大きめにちぎる）　2個分
├プチトマト（細いくし形切り）　2個分
├アンチョビ（粗く切る）　1枚分
├玉ネギ（みじん切り）　少量
└イタリアンパセリ（粗みじん切り）　少量

1　ナスを縦に薄切りにし、オリーブ油をひいたフ
　ライパンに入れて、両面を軽く焼く。
2　Aは合わせておく。
3　1のナスを皿に敷き、バルサミコドレッシング
　をまわしかける。上に2を散らす。

なすとトマトのローストサラダ

作りおきにもむいた、お惣菜サラダ。
いろいろな料理の付け合わせにしたり、
パンにのせてタルティーヌにしても。

材料（2人分）
ナス　120g
トマト　60g
玉ネギ（みじん切り）　少量
ニンニク（みじん切り）　少量
赤ワインヴィネガードレッシング　適量
├◎赤ワインヴィネガー1：E.V.オリーブ油1の割合で
　合わせ、塩、コショウで味を調える。
イタリアンパセリ（粗みじん切り）　適量
塩　少量
オリーブ油　適量

1　ナスは縦半分に、トマトは横半分に切り、それ
　ぞれ軽く塩をふってオリーブ油をまわしかけ、
　オーブンで火が通るまで焼く（またはフライパ
　ンで焼いてもよい）。
2　1が冷めたら、1.5cm角程度に切る。
3　2と玉ネギ、ニンニクを合わせ、赤ワインヴィ
　ネガードレッシングで和える。器に盛り、イタ
　リアンパセリを散らす。

なすとししとうの西京味噌風味

揚げたナスとシシトウに、香味野菜を加えた
味噌風味のドレッシングがよく合います。

材料（2人分）
ナス　120g
シシトウ　5〜6本
長ネギ（青い部分）　適量
A
├ フレンチドレッシング（p.10参照）　40g
├ 西京味噌　12g
└ みょうが（すりおろし。またはみじん切り）　5g
揚げ油　適量
塩　少量

1 ナスは一口大に切り、シシトウは竹串などでいくつか穴をあける。どちらも素揚げし、塩を少量ふる。
2 長ネギはさっと素揚げし、みじん切りにする。
3 Aと2を混ぜ合わせる。
4 1のナスとシシトウを、3で和える。

たたききゅうりと鶏胸肉　きゅうりソース

キュウリはたたいておくと、
ドレッシングがからみやすくなります。

材料（2人分）
鶏胸肉　100g
キュウリ　1本
塩、コショウ　各適量
きゅうりソース
├ キュウリ（すりおろし）　1本分
├ 玉ネギ（すりおろし）　適量
├ 白ワインヴィネガー　20g
├ E.V.オリーブ油　40g
└ ケッパー（小さめに切る）　少量

1 鶏肉は塩をしっかりふり、ゆでる。2cm角ほどに切り、塩、コショウで下味をつける。
2 キュウリは包丁の背などでたたいた後、一口大に切る。
3 きゅうりソースの材料を混ぜ合わせる。
4 1、2、3を和える。

ZUCCHINI ズッキーニのサラダ

なすと同様、油を加えて火を入れることで
持ち味が活きる野菜です。イタリア料理ではおなじみですが、
トマトやチーズとの相性は抜群。

焼きズッキーニとトマトのサラダ

**ズッキーニ、なす、パプリカの
ツナマヨネーズ**

GREEN ASPARAGUS グリーンアスパラガスのサラダ

さっぱりとしたドレッシングとも、コクのあるソースとも相性がいい野菜です。
鮮度と火入れがポイント。

グリーンアスパラガスと
ホタテのサラダ

グリーンアスパラガスと
ブロッコリーのサラダ
ゴルゴンゾーラのソース

焼きズッキーニとトマトのサラダ

赤ワインヴィネガーのドレッシングや
トマトの酸味で、すっきりと。
ナスでもおいしく作れます。お好みで、
ニンニクのみじん切りを加えてもいいでしょう。

材料（2人分）
ズッキーニ　1/2本
トマト　50g
玉ネギ　10g
生ハム　1枚
赤ワインヴィネガードレッシング　適量
├─ ◎赤ワインヴィネガー1：E.V.オリーブ油1の割合で
└─ 　合わせ、塩、コショウで味を調える。
オリーブ油　適量
塩　適量
イタリアンパセリ（粗みじん切り）　適量

1　ズッキーニは5mm厚さほどの輪切りにする。
　　オリーブ油をひいたフライパンに入れて、両面
　　を焼く。軽く塩をする。
2　トマトは皮付きのまま5mm角に切り、玉ネギ
　　と生ハムはみじん切りにする。
3　2と赤ワインヴィネガードレッシングを混ぜ合
　　わせ、塩で味を調える。
4　1のズッキーニを皿に並べ、3をかけ、イタリ
　　アンパセリを散らす。

ズッキーニ、なす、パプリカの ツナマヨネーズ

ツナマヨネーズにパルミジャーノ・チーズを加え、
更に味わい深く。

材料（3〜4人分）
ズッキーニ（乱切り）　1本分
ナス（乱切り）　1本分
パプリカ（赤・黄。1cm角切り）　少量
揚げ油　適量
ツナマヨネーズ（作りやすい量）
├─ ツナペースト（ツナをミキサーにかけて、
│　　ペースト状にしたもの）　100g
├─ フレンチドレッシング（p.10参照）　30g
├─ マヨネーズ　100g
└─ ◎泡立て器で混ぜ合わせる。
黒オリーブ（種を抜いてつぶす）　2個
玉ネギ（みじん切り）　少量
塩　適量
パルミジャーノ・レッジャーノ・チーズ（すりおろし）
　適量

1　ズッキーニ、ナス、パプリカは素揚げする。
2　ツナマヨネーズ60〜70gに黒オリーブ、玉ネ
　　ギを混ぜ合わせ、塩で味を調える。パルミジャ
　　ーノ・チーズを好みの量加える。
3　1を2で和える。

グリーンアスパラガスとホタテのサラダ

トマトの風味を加えてさっぱりと。
盛り付けしだいで、ちょっとした
おもてなしサラダにもなります。

材料（1～2人分）
グリーンアスパラガス　3本
ホタテ貝柱（刺身用）　2個
ベビーリーフ　適量
ハーブ（好みのもの）　適量
白ワインヴィネガー　適量
E.V.オリーブ油　適量
フルーツトマト（5mm角に切る）　少量
塩、コショウ　各適量
オリーブ油　少量

1　アスパラガスは硬い部分の皮をむき、塩を加えた湯でゆでて冷水にとり、水気をとる。食べやすい長さに切る。
2　ホタテ貝柱は軽く塩をふり、オリーブ油を少量ひいたフライパンに入れて、両面をさっと焼く。
3　1と2を器に盛る。
4　白ワインヴィネガー1：E.V.オリーブ油2の割合で混ぜ合わせ、フルーツトマトを加えて塩、コショウで味を調える。
5　4を3にまわしかけ、ベビーリーフ、ハーブを添える。

グリーンアスパラガスとブロッコリーのサラダ　ゴルゴンゾーラのソース

ゴルゴンゾーラ（ブルーチーズ）を加えた
マヨネーズソースが大人の味わい。
半熟卵を崩しながらソースに混ぜて、
味の変化を楽しんでください。

材料（1～2人分）
グリーンアスパラガス（硬い部分の皮をむく）　3本
ブロッコリー（小房に分けたもの）　2～3房
半熟ゆで卵（卵を水から入れ、沸いてから5～7分
　ゆでたもの）　1/2～1個
塩　適量
A
├ マヨネーズ　40g
├ ゴルゴンゾーラ（ブルーチーズ）　30g
├ フレンチドレッシング（p.10参照）　20g
└ 生クリーム　10g

1　アスパラガスとブロッコリーは、それぞれ塩を加えた湯でゆでて、冷水にとり、水気をとる。
2　ゴルゴンゾーラをつぶし、残りのAを加えて軽く混ぜ合わせる（あまりなめらかにしすぎない）。
3　1と半熟卵を器に盛り、2のソースを添える。

PEPPER ピーマン、パプリカ、甘とうがらしのサラダ

辛みのないとうがらしの仲間です。生で食べたときの硬さは、
細切りにしたり、油で揚げて火を入れることなどによってやわらぎ、
ドレッシングやソースのからみもよくなります。

パプリカと牛薄切り肉のサラダ

ピーマンとたたききゅうりの
みょうが風味

ししとうとしらすの
フレンチ生姜風味

万願寺とうがらしの
オリーブ風味

万願寺とうがらしと
ししとうの網焼き

パプリカと牛薄切り肉のサラダ

ケチャップやタバスコを少量加えたソースが、
パプリカや牛肉にぴったり。
野菜は少し水分を抜いてしんなりとさせると、
ソースとのなじみがよくなります。

材料（2～3人分）
牛肉（薄切り）　2～3枚
パプリカ（赤）　1個
パプリカ（黄）　1/2個
セロリ　30g
玉ネギ　20g
塩　適量
ソース
├フレンチドレッシング（p.10参照）　30g
├マヨネーズ　30g
├トマトケチャップ　30g
├パプリカパウダー　少量
└タバスコ　少量
イタリアンパセリ（粗みじん切り）　適量
パプリカパウダー　少量

1　牛肉は軽く塩をし、テフロン加工のフライパン
　　でさっと（ロゼに）焼いてから、細切りにする。
2　パプリカと玉ネギは、縦に細切りにする。セロ
　　リはスジをむいて、縦に棒状に切る。それぞれ
　　軽く塩をふり、3～4分おく。
3　ソースの材料を混ぜ合わせる。
4　1、2を合わせて3のソースで和え、器に盛る。
　　イタリアンパセリとパプリカパウダーをふる。

ピーマンとたたききゅうりの みょうが風味

キュウリはたたいておくことで、全体にまとまりが
出ます。

材料（2～3人分）
ピーマン　3個
キュウリ（小）　1本
みょうが（小）　1個
フレンチドレッシング（p.10参照）　60g
揚げ油　適量
塩　適量

1　ピーマンは、ヘタ、種、ワタを除いて一口大に
　　切り、素揚げして、軽く塩をふる。
2　キュウリは包丁の背などでたたいて、食べやす
　　い大きさに切り、軽く塩をふる。
3　みょうがはさっと素揚げしてから、縦4等分に
　　切る。
4　1、2、3をフレンチドレッシングで和える。

万願寺とうがらしのオリーブ風味

万願寺トウガラシを丸ごと揚げて、
形を活かして盛り付けました。

材料（1〜2人分）
万願寺トウガラシ　2本
揚げ油　適量
塩　少量
A
├玉ネギ（みじん切り）　15g
├緑オリーブ（みじん切り）　小2個分
├フレンチドレッシング（p.10参照）　10g
├マヨネーズ　15g
└塩　適量
カイワレ菜　適量

1　万願寺トウガラシは竹串などでいくつか穴をあ
　け、素揚げして、軽く塩をふる。
2　Aを混ぜ合わせ、1とさっと合わせる。
3　器に盛り、カイワレ菜を散らす。

ししとうとしらすのフレンチ生姜風味

ちょっと和風の味つけで。

材料
シシトウ　適量
揚げ油　適量
塩　少量
A
├フレンチドレッシング（p.10参照）　適量
└生姜（すりおろし）　好みの量
シラス干し　適量

1　シシトウは竹串などでいくつか穴をあけ、素揚
　げして、軽く塩をふる。
2　Aを混ぜ合わせ、1のシシトウとさっと合わせ
　る。
3　器に盛り、シラスをのせる。

万願寺とうがらしとししとうの網焼き

大根おろしを加えることで、
ドレッシングがからみやすくなります。

材料（1〜2人分）
万願寺トウガラシ　適量
シシトウ　適量
大葉（せん切り）　適量
A
├フレンチドレッシング（p.10参照）　（30〜）40g
├大根おろし　30（〜40）g
└　（大根の状態や好みにより増減）
醤油　少量

1　万願寺トウガラシとシシトウを、網焼きにする。
2　Aを混ぜ合わせ、少量の醤油で味を調える。
3　1を食べやすく切って2とさっと合わせ、器に
　盛る。大葉をのせる。

コールスローとチキンのサラダ　カレー風味

CABBAGE 便利なキャベツサラダ

細切りにして、ドレッシングやマヨネーズで和えるコールスローは、付け合わせやサンドイッチの具材としても使いやすく、重宝です。混ぜ込むもので、いろいろなアレンジも可能。

コールスローとチキンのサラダ　カレー風味を使って

生春巻きに

ライスペーパーに、霧吹きで水をかけて戻し、サラダを包む。

焼き春巻きに

左記の生春巻きを、サラダ油を少量ひいたフライパンで焼く。

キャベツとサラミソーセージのサラダ

キャベツとゴルゴンゾーラ、レモンのサラダ

キャベツと赤キャベツとチキンのサラダ

キャベツとゴルゴンゾーラのサラダ

コールスローとチキンのサラダ
カレー風味

カレー風味を少し加えるだけで、コールスローが
新鮮な味わいに。パンに挟んでも、
トルテーヤやライスペーパーなどで巻いても
おいしく食べられます。

材料（2人分）
キャベツ　160g
鶏胸肉　40～50g
カレー粉　少量
サラダ油　少量
塩　少量
A
┌ フレンチドレッシング（p.10参照）　30g
└ マヨネーズ　10g

1　キャベツはせん切りにする。塩を少量ふってざ
　　っと混ぜる。
2　鶏肉は軽く塩をふり、サラダ油をひいたフライ
　　パンに入れて焼く。1cm幅ほどに切り、カレー
　　粉を少量まぶす。
3　Aをボウルで混ぜ合わせ、1を入れて和える。
　　器に盛り、2をのせる。

キャベツとサラミソーセージのサラダ

ハムや生ハムをサラミに替えると、
また違う味わいに。
少し加えたクルミがきいています。

材料（2人分）
キャベツ　160g
サラミソーセージ　20g
クルミ（ローストして、細かく刻んだもの）　少量
ヴィネグレットソース（p.63参照）　適量
塩　適量
黒コショウ　適量

1　キャベツはせん切りにする。塩を少量ふってざ
　　っと混ぜる。
2　サラミソーセージは細切りにする。
3　1と2を合わせ、ヴィネグレットソースを加え
　　て和える。器に盛り、黒コショウをふって、ク
　　ルミを散らす。

キャベツと赤キャベツとチキンのサラダ

パンにたっぷり挟んで
サンドイッチにしてもおいしい。

材料（2～3人分）
キャベツ　100g
赤キャベツ　100g
鶏胸肉　60g
A
├ マヨネーズ　40g
├ フレンチドレッシング（p.10参照）　40g
└ ディジョンマスタード　10g
塩、コショウ　各適量

1　キャベツ、赤キャベツはそれぞれせん切りにして合わせる。塩を少量ふってざっと混ぜる。
2　鶏胸肉は塩をしっかりふり、ゆでる。短冊状に切る。
3　Aを混ぜ合わせ、塩、コショウで味を調える。
4　1と2を合わせ、3を加えて和える。

キャベツとゴルゴンゾーラ、レモンのサラダ

ブルーチーズ風味にレモンが加わることで、
爽やかに。

材料（2人分）
キャベツ　160g
セロリ　40g
A
├ フレンチドレッシング（p.10参照）　20g
├ マヨネーズ　20g
└ ヨーグルト（プレーン）　20g
ゴルゴンゾーラ（ブルーチーズ）　適量
塩　適量
レモンの皮　適量

1　キャベツはせん切りに、セロリはスジをむいて、縦にせん切りにする。合わせて軽く塩をふり、ざっと混ぜる。
2　Aをボウルで混ぜ合わせ、好みの量のゴルゴンゾーラを加えて混ぜる。
3　2に1を入れて和える。器に盛り、すりおろしたレモンの皮を散らす。

キャベツとゴルゴンゾーラのサラダ

カリッと焼いたパンに、シイタケを加えた
ゴルゴンゾーラを塗って添えました。
コールスローをのせて食べても、
交互に食べてもOK。

材料（3人分）
キャベツ　260g
イタリアンパセリ（みじん切り）　少量
フレンチドレッシング（p.10参照）　50g
ゴルゴンゾーラ（ブルーチーズ）　60g
シイタケ　1個
オリーブ油　適量
塩、コショウ　各適量
パン・ド・カンパーニュ（薄切りにし、カリッと焼いたもの）　適量
クルミ（ローストして、刻んだもの）　少量

1　キャベツはせん切りにする。軽く塩をしてざっと混ぜ、少しおいた後、フレンチドレッシングとイタリアンパセリを加えて和える。
2　ゴルゴンゾーラは室温でやわらかくしておく。
3　オリーブ油をひいたフライパンにシイタケを入れて焼き、塩、コショウをする。粗熱がとれたらみじん切りにし、2と混ぜ合わせる。
4　焼いたパン・ド・カンパーニュに3を塗る。
5　1のキャベツと4を器に盛り、クルミを散らす。

赤キャベツとえびのサラダ

赤キャベツと焼きベーコンのサラダ

コーンとキャベツのサラダ

キャベツとベーコンのゆでサラダ

LETTUCE レタスが主役のレタスサラダ

魅力は、シャキシャキとしたその食感。
便利な野菜ですが、サラダには、なんとなく使われていることも多いようです。
ここでは、レタスのおいしさがきちんと味わえるサラダをご紹介します。

フリルレタスのフランス風

ロメインレタスとゴルゴンゾーラの
サラダ

赤キャベツとえびのサラダ

加える素材を、ベーコンやハム類からエビに替え
たアレンジです。

材料（2人分）
赤キャベツ　150g
玉ネギ（薄切り）　15g
小エビ（殻をむく）　3〜4本
赤ワインヴィネガードレッシング　適量
┌◎赤ワインヴィネガー1：E.V.オリーブ油1の割合で
│　合わせ、塩、コショウで味を調える。
塩　適量

1　赤キャベツはせん切りにして玉ネギと合わせ、
　　軽く塩をふってざっと混ぜ、下味をつける。
2　エビをゆでて、1cm幅に切る。
3　1と2を合わせ、赤ワインヴィネガードレッシ
　　ングを加えて和える。

コーンとキャベツのサラダ

普段はキャベツを多めに作るサラダですが、
トウモロコシのおいしい季節なら、
量を逆転させても。採れたてのトウモロコシの、
蒸したてのおいしさは格別です。

材料（2人分）
キャベツ　120g
トウモロコシ（蒸して、はずした実）　1/2本分
フレンチドレッシング（p.10参照）　60〜80g
塩　適量

1　キャベツはせん切りにし、軽く塩をふる。
2　1にトウモロコシを合わせ、フレンチドレッシ
　　ングでさっと和えて、塩で味を調える。

赤キャベツと焼きベーコンのサラダ

ベーコンから出た脂の旨みも、
おいしい調味料です。

材料（2人分）
赤キャベツ　160g
玉ネギ（薄切り）　20g
ベーコン（スライス）　30g
オリーブ油　適量
ヴィネグレットソース（p.63参照）　70g
塩　適量

1　赤キャベツはせん切りにして玉ネギと合わせ、
　　軽く塩をふってざっと混ぜ、下味をつける。
2　ベーコンは細切りにし、オリーブ油で炒める。
3　ボウルに1を入れ、ヴィネグレットソースを加
　　えて和え、2が熱いうちに油ごと加えて合わせ
　　る。

キャベツとベーコンのゆでサラダ

ゆでるなら、キャベツの葉は大きいままで、
生とは違った食感や味を楽しみます。
できるだけやわらかいキャベツや、
春キャベツで作ってください。

材料（2〜3人分）
キャベツ　4〜5枚
ベーコン　30g
A
┌赤ワインヴィネガー　20g
├E.V.オリーブ油　20g
└ディジョンマスタード（または粒マスタード）　5g
塩、コショウ　各適量

1　キャベツをゆでる。ザルに上げ、そのままおい
　　ておく。
2　ベーコンは棒状に切り、さっと湯通しする。
3　Aを混ぜ合わせ、塩、コショウで味を調える。
4　1、2の水気をとり、器に盛る。3をまわしかける。

フリルレタスのフランス風

レタスと魚介に卵のコクと生ハムの旨み、
塩気が加わって、1品で満足のご馳走サラダです。

材料（2〜3人分）
フリルレタス　適量
セルバチコ　適量
マッシュルーム（生）　2個
小エビ（殻をむく）　3本
ゆでダコ　50g
生ハム　2枚
ゆで卵（みじん切り）　適量
A
├赤ワインヴィネガードレッシング　適量
│├◎赤ワインヴィネガー1：E.V.オリーブ油1の
││　割合で合わせ、塩、コショウで味を調える。
└玉ネギ（みじん切り）　少量

1　レタス、セルバチコは食べやすい大きさにちぎ
　　る。マッシュルームは縦に薄切りにする。エビ
　　はゆでて水気をとり、1〜2cm幅に切る。ゆで
　　ダコは一口大に切る。生ハムはちぎる。
2　Aを混ぜ合わせる。
3　1をさっと合わせて器に盛り、2をまわしかけ
　　る。ゆで卵を散らす。

ロメインレタスとゴルゴンゾーラの サラダ

ロメインレタスとチーズは相性のいい組み合わせ。
ここでは2種類のチーズを合わせています。

材料（1〜2人分）
ロメインレタス　4〜5枚
赤ワインヴィネガードレッシング　適量
├◎赤ワインヴィネガー1：E.V.オリーブ油1の割合で
│　合わせ、塩、コショウで味を調える。
ゴルゴンゾーラ（ブルーチーズ）　適量
緑オリーブ　3個
パルミジャーノ・レッジャーノ・チーズ（すりおろし）
　適量

1　皿にロメインレタスをのせ、赤ワインヴィネガ
　　ードレッシングをまわしかける。
2　ゴルゴンゾーラをちぎって1に散らし、オリー
　　ブも添える。パルミジャーノ・チーズをおろし
　　かける。

レタスとゴルゴンゾーラのサラダ

レタスのポン酢ソース

ロメインレタスとアボカドと
トマトのサラダ

ロメインレタスと蒸し鶏の
カレーマヨネーズ

OTHER LEAFY VEGETABLES
いろいろ葉野菜サラダ

単独で使うことが少し難しい緑の葉野菜も、形状を活かし、
旨みの素材やソースをプラスすることで、存在感のある一皿に。
覚えておくと、応用のきく方法です。

ほうれん草と鶏レバーの温サラダ

小松菜のポシェとベーコン
赤ワインヴィネガードレッシング

レタスとゴルゴンゾーラのサラダ

シンプルなレタスサラダに、イチジクの甘みと
ブルーチーズでアクセントを加えます。

材料（作りやすい量）
レタス　小1玉（または大1/2玉）
イチジク（皮付きのままくし形に切る）　1/2個分
ゴルゴンゾーラ（ブルーチーズ）　好みの量
A
├赤ワインヴィネガードレッシング（＊）　適量
│　├◎赤ワインヴィネガー1：E.V.オリーブ油1の
│　└　割合で合わせ、塩、コショウで味を調える。
├緑オリーブ（みじん切り）　少量
└玉ネギ（みじん切り）　少量

＊赤ワインヴィネガーの代わりにバルサミコ酢を使ってもよ
い。

1　レタスは1玉を4等分にカットする。
2　Aを混ぜ合わせる。
3　1のレタスを皿に盛り、イチジクを添え、ゴル
　　ゴンゾーラをちぎって散らす。2をまわしかけ
　　る。

ロメインレタスとアボカドと
トマトのサラダ

野菜の色を活かしたいときは、ソースと和えて
しまわずに、上からかけるといいでしょう。

材料（1人分）
ロメインレタス　2～3枚
アボカド（熟したもの）　1/4個
トマト　1/4個
サラミソーセージ　好みの量
A
├フレンチドレッシング（p.10参照）　40g
└マヨネーズ　40g

1　アボカドは皮をむき、一口大に切る。トマトは
　　皮付きのまま一口大に切る。ロメインレタスは
　　1/3～1/4の長さに切る。サラミソーセージは
　　細切りにする。
2　Aを混ぜ合わせる。
3　1を器に盛り、2をまわしかける。

レタスのポン酢ソース

ポン酢は優秀な調味料。油と合わせるだけで、
即席のドレッシングができ上がります。

材料（2人分）
レタス　1/2玉
シラス干し　適量
ポン酢ソース　適量
├◎ポン酢3：サラダ油1の割合で合わせ、
└　塩で味を調える。
サラダ油　少量

1　湯を沸かしてサラダ油を少量加え、半割りのレ
　　タスを入れてさっとゆがき、氷水にとる。
2　1の水気をとり、器に盛る。ポン酢ソースをま
　　わしかけ、シラスをのせる。

ロメインレタスと蒸し鶏の
カレーマヨネーズ

カレー粉が味のポイントです。

材料（1～2人分）
ロメインレタス　4～5枚
鶏胸肉　40g
アボカド　60g
緑オリーブ（みじん切り）　2～3個分
A
├マヨネーズ　30g
└フレンチドレッシング（p.10参照）　30g
塩　適量
カレー粉　少量

1　鶏胸肉は軽く塩をふり、蒸してからほぐす。ア
　　ボカドは皮をむき、粗くつぶす。
2　Aを混ぜ合わせる。
3　1、2、緑オリーブを和えて塩で味を調え、カ
　　レー粉を少量ふり入れる。
4　ロメインレタスを器に盛り、3をかけ、最後に
　　カレー粉をふる。

ほうれん草と鶏レバーの温サラダ

レバーと卵のコクをプラスして、
食べ応えのある一品に。青菜は蒸し炒めにする
と、味や栄養の流出も抑えられます。

材料（2人分）
ホウレン草　3株
鶏レバー（あれば白レバーがよい）　50g
ゆで卵（黄身）　1個分
ヴィネグレットソース（下記参照）　60〜80g
ベーコン（みじん切り）　少量
玉ネギ（みじん切り）　少量
塩　少量
オリーブ油　適量
黒コショウ（粒）　少量

1　ホウレン草はさっと洗い、塩を軽くまぶす。オ
　　リーブ油をひいたフライパンに入れ、強火で炒
　　める。水を少量加えて蒸し炒めにする。
2　鶏レバーは軽く塩をふり、オリーブ油をひいた
　　フライパンで焼いた後、粗く切る。
3　ヴィネグレットソースにベーコンと玉ネギを混
　　ぜ合わせる。
4　皿に1、2を盛り、ゆで卵の黄身を粗くほぐし
　　て散らす。3をかけ、黒コショウを挽きかける。

ヴィネグレットソース（基本）

材料（作りやすい量）
サラダ油（またはE.V.オリーブ油）　90〜100g
赤ワインヴィネガー　20g
ディジョンマスタード　15g
塩　適量
コショウ　少量

＊エシャロットやニンニクのみじん切りを加えてもよい。

1　ボウルにディジョンマスタード、（エシャロッ
　　ト、ニンニク、）赤ワインヴィネガー、塩、コ
　　ショウを入れて泡立て器で軽く混ぜる。
2　ボウルの端からサラダ油を少しずつ加えなが
　　ら、泡立て器で全体をよく混ぜ合わせる。

小松菜のポシェとベーコン
赤ワインヴィネガードレッシング

味のしっかりした小松菜には、
ベーコンやニンニクの風味がよく合います。

材料（2人分）
小松菜　3株
ニンニク　1粒
ベーコン　適量
オリーブ油　適量
赤ワインヴィネガードレッシング　適量
├◎赤ワインヴィネガー1：E.V.オリーブ油1の割合で
└　合わせ、塩、コショウで味を調える。

1　小松菜をゆでて冷水にとり、水気を切る。
2　ニンニクは薄切りにし、フライパンに熱したオ
　　リーブ油に入れて、軽く色づける。
3　ベーコンは棒状に切り、オリーブ油で炒める。
4　1、2、3を器に盛り、赤ワインヴィネガード
　　レッシングをかける。

からし菜のポシェとスモークサーモン
赤ワインヴィネガードレッシング

からし水菜と舞茸のサラダ　レバー風味

ルコラとスモークサーモンと
ベーコンのサラダ

リンゴとクレソンと生クルミのサラダ

春菊とベーコンのサラダ

アスパラ菜（オータムポエム）の
フレンチマヨネーズ

からし菜のポシェとスモークサーモン
赤ワインヴィネガードレッシング

スモークサーモンの塩味と旨み、
軽い燻香を調味料的に使います。
オトワレストランでは、地元のヤシオマスの
燻製を使用しています。

材料（2人分）
カラシ菜　3株
スモークサーモン（またはヤシオマスの燻製。
　スライス）　3〜4枚
松の実　適量
赤ワインヴィネガードレッシング　適量
├◎赤ワインヴィネガー1：E.V.オリーブ油1の割合で
│　合わせ、塩、コショウで味を調える。
生姜（すりおろし）　少量
塩、コショウ　各適量

1　カラシ菜をゆでて、冷水にとり、水気をとる。
　　スモークサーモンは、細切りにする。
2　赤ワインヴィネガードレッシングにおろし生姜
　　を少量加え、塩、コショウで味を調える。
3　1を器に盛り、2をかけ、松の実を散らす。

ルコラとスモークサーモンとベーコンの
サラダ

ゴマのような味わいが特徴のルコラ。
ミックスハーブのひとつとして使われることが
多い野菜ですが、単独でもおいしい。

材料
ルコラ（またはセルバチコ）　適量
スモークサーモン（またはヤシオマスの燻製）　適量
ベーコン　適量
オリーブ油　適量
赤ワインヴィネガードレッシング　適量
├◎赤ワインヴィネガー1：E.V.オリーブ油1の割合で
│　合わせ、塩、コショウで味を調える。

1　ベーコンを棒状に切る。オリーブ油をひいたフ
　　ライパンに入れて炒める。
2　スモークサーモンは、1cm角に切る。
3　ルコラを器に盛り、1と2をのせ、赤ワインヴ
　　ィネガードレッシングをかける。

からし水菜と舞茸のサラダ　レバー風味

サラダカラシ菜とも呼ばれるカラシ水菜は、
品種改良によって生まれた、食べやすい野菜です。
ここではレバーをソース代わりに。

材料（2〜3人分）
カラシ水菜　1把
マイタケ　1/3パック
鶏レバー（あれば白レバーがよい）　1個（40〜50g）
赤ワインヴィネガードレッシング　適量
├◎赤ワインヴィネガー1：E.V.オリーブ油1の割合で
│　合わせ、塩、コショウで味を調える。
オリーブ油、塩、コショウ　各適量

1　鶏レバーに塩をふり、オリーブ油をひいたフラ
　　イパンに入れて焼く（焼きすぎないよう注意）。
　　フォークで少しつぶし、スジなどをとり除く。
2　赤ワインヴィネガードレッシングに1を入れて
　　混ぜ合わせ、塩、コショウで味を調える。
3　マイタケは縦に切り分け、オリーブ油をひいた
　　フライパンに入れて炒め、軽く塩をふる。
4　カラシ水菜と3のマイタケを器に盛り、2をか
　　ける。

春菊とベーコンのサラダ

クセのない、生食むきの春菊が
多く出回っています。
ベーコンと卵のコクをプラスすれば、
おいしいサラダになります。

材料
春菊　適量
ゆで卵　適量
ベーコン　好みの量
オリーブ油　適量
ヴィネグレットソース（作りやすい量）
├ E.V.オリーブ油　90〜100g
├ 赤ワインヴィネガー　20g
├ ディジョンマスタード　15g
├ ニンニク（みじん切り）　少量
└ 塩、コショウ　各適量

1　生の春菊を器に盛る。
2　ヴィネグレットソースを作る。ボウルにディジョンマスタード、ニンニク、赤ワインヴィネガー、塩、コショウを入れて軽く混ぜる。ボウルの端からE.V.オリーブ油を少しずつ加えながら、泡立て器で全体をよく混ぜ合わせる。
3　ベーコンは棒状に切り、オリーブ油をひいたフライパンに入れて炒める。ゆで卵は5mm角ほどに刻む。
4　3のフライパンからとり出したベーコンと、ゆで卵を1の上にのせ、2を適量かけ、3の油が熱いうちにまわしかける。

リンゴとクレソンと生クルミのサラダ

相性のいい組み合わせです。
肉料理などの付け合わせにしてもいいでしょう。

材料
クレソン　適量
リンゴ　適量
クルミ（生）　適量
赤ワインヴィネガードレッシング　適量
├ ◎赤ワインヴィネガー1：E.V.オリーブ油1の割合で
└ 　合わせ、塩、コショウで味を調える。

1　クレソンは食べやすい長さに切る。リンゴは皮付きのまま棒状に切る。
2　1を赤ワインヴィネガードレッシングで和えて、器に盛り、クルミを砕いて散らす。

アスパラ菜（オータムポエム）の
フレンチマヨネーズ

アスパラ菜は、甘みと食感のあるおいしい野菜。
シンプルに楽しみましょう。

材料（2人分）
アスパラ菜（オータムポエム）　4〜5株
塩　適量
A
├ マヨネーズ　30g
├ フレンチドレッシング（p.10参照）　20g
└ 牛乳　20g

＊ソースには、みじん切りにしたアンチョビやベーコンを加えてもよい。

1　アスパラ菜は、塩を加えた湯でゆでて冷水にとり、水気をとる。
2　Aを混ぜ合わせ、塩で味を調える。
3　1を器に盛り、2のソースを添える。

BROCCOLI & CAULIFLOWER
ブロッコリー、カリフラワーの個性派サラダ

根菜と葉菜の中間のような、しっかりとした食べ応えのある野菜です。
小房に分けるのが一般的ですが、それを変えるだけでもおもしろいサラダに。

ブロッコリーのクリームソース
アンチョビ風味

カリフラワーのロースト
ラヴィゴットソース

ONION 玉ねぎのおつまみサラダ

火を入れたときの甘みが特徴です。
合わせる素材やドレッシングで、
これを少し引き締めると、バランスがよくなります。

玉ねぎのホイル焼き

玉ねぎとチキンのフリットサラダ

ブロッコリーのクリームソース
アンチョビ風味

ブロッコリーとアンチョビは、
相性のいい組み合わせです。
切り方や盛り付けを変えるだけで、
いつもの野菜が新鮮に見えます。

材料 (作りやすい量)
ブロッコリー　1株
半熟ゆで卵 (卵を水から入れ、沸いてから5〜7分
　　ゆでたもの) の黄身　1個分
塩　適量
クリームソース
├ 生クリーム　30g
├ マヨネーズ　30g
├ 玉ネギ (みじん切り)　20g
├ アンチョビ (みじん切り)　好みの量
├ E.V.オリーブ油　10g
└ レモン果汁　10g

1　ブロッコリーは丸ごと塩ゆでし、さっと冷水に
　　くぐらせる。水気をよくとり、縦1cm厚さほ
　　どに切る。
2　クリームソースの材料を混ぜ合わせ、塩で味を
　　調える。
3　1のブロッコリーを器に盛り、ゆで卵の黄身を
　　崩して添え、2のクリームソースをかける。

カリフラワーのロースト
ラヴィゴットソース

香味野菜やピクルス類、生ハムを
加えて作るパンチのあるソースが、
焼いたカリフラワーによく合います。

材料 (作りやすい量)
カリフラワー　1株
ゆで卵 (みじん切り)　1個分
ラヴィゴットソース
├ マヨネーズ　30g
├ E.V.オリーブ油　20g
├ 赤ワインヴィネガー　5g
├ イタリアンパセリ (みじん切り)　少量
├ 玉ネギ (みじん切り)　20g
├ ケッパー (小さく切る)　4g (好みにより増減)
├ 緑オリーブ (みじん切り)　3個分
├ 生ハム (またはコッパ。みじん切り)　2枚分
├ コルニッション (みじん切り)　2本分
└ 塩、コショウ　各適量

1　カリフラワーは塊のまま、250℃のオーブンで
　　5〜8分、軽い焦げ目がつくまで焼く。縦1cm
　　厚さほどに切る。
2　ラヴィゴットソースの材料を混ぜ合わせ、ゆで
　　卵を加える。
3　1のカリフラワーを器に盛り、2をかける。

柴田書店 出版案内

食知力 ShiBaTa
書籍ムック 2018.1

〒113-8477
東京都文京区湯島3-26-9
イヤサカビル
● 問合せ 柴田書店営業部
TEL: 03-5816-8282
http://www.shibatashoten.co.jp
◆本広告の価格は税別の定価表示です

繁盛割烹に学ぶ店づくりと料理
割烹あらかると
お値打ち和食の一品料理

柴田書店編
B5変型判 296頁（内カラー212頁）
● 定価：本体3,200円＋税

飲食店激戦地の東京で連日満席の繁盛割烹10店の「一品料理」と「店づくり」を取材し、各店の人気の理由を解き明かした。6坪たらずの小規模店から2フロアで40坪以上の店まで、さまざまな規模の店が登場、いずれも客単価が5,000円から8,000円という手頃で値打ちのある店ばかり。この「工夫」にスポットをあてて各店の魅力と実力を紹介する。243品のレシピのほか、少人数で切り盛りするための店づくりとメニュー構成、日本酒の売り方など、「繁盛のしくみ」をわかりやすく解説する。好評既刊『かじゅある割烹』の続編。

◆『割烹あらかると』の姉妹編

料理と店づくりに見る、新しい割烹料理店の人気の理由
かじゅある割烹
日本料理のお値打ちコースと一品料理

柴田書店編 B5変型判 328頁（内カラー240頁） ● 定価：本体3,200円＋税

飲んで食べて1万円でおつりがくる値打ちのある料理を提供している東京の割烹料理12店の、実際に提供しているコース料理と一品料理を紹介。店づくりや仕入れのコツなども併載。

CARROT おいしいにんじんサラダ

最近のにんじんはクセも少なく、食べやすくなりました。
細切りサラダのキャロットラペがおなじみですが、
塊で火を入れてもおいしい。

いろいろにんじんのロースト

にんじんロースト
セロリヨーグルト

にんじんサラダ（キャロットラペ）

にんじんとチキンのサラダ

にんじんとチキンのサラダを使って

サンドイッチに

いろいろにんじんのロースト

普通のニンジンでも作れますが、
いろいろな色のミニサイズのニンジンで作ると、
より楽しい一皿に。

材料（2人分）
ミニニンジン（あれば色違いで数種）　4〜5本
塩、オリーブ油　各適量
赤ワインヴィネガードレッシング　少量
┌ ◎赤ワインヴィネガー1：E.V.オリーブ油1の割合で
└ 　合わせ、塩、コショウで味を調える。
ニンジンの葉（さっと素揚げしたもの。新芽であれば
　生でもよい）　適量
アーモンド（薄切り。ローストしたもの）　適量

＊ドレッシングに、好みの量のハチミツとディジョンマスタ
　ードを加えてもよい。

1　ミニニンジンは、皮付きのまま縦半分に切る。
　　塩とオリーブ油を全体にからめる。
2　1を耐熱皿に並べ、200℃のオーブンで焼く。
3　2を赤ワインヴィネガードレッシング少量で和
　　える。
4　3を器に盛り、素揚げしたニンジンの葉とアー
　　モンドを散らす。

にんじんロースト　セロリヨーグルト

ホクホクのニンジングラッセに
焼き目をつけて香ばしく。
ヨーグルトの酸味やセロリの清涼感で、
ニンジンの甘みを引き締めます。

材料（3〜4人分）
ニンジン　2本
A
┌ 砂糖、塩　各少量
└ バター　ごく少量
B
┌ ヨーグルト（プレーン）　40g
├ E.V.オリーブ油　15g
└ セロリ（みじん切り）　15g
アンチョビ（みじん切り）　少量
塩　適量
セロリの葉　少量

1　ニンジンのグラッセを作る。ニンジンを縦四つ
　　割りに切り、鍋に入れて水をひたひたに加え、A
　　を入れて、中央に小さな穴をあけたクッキング
　　ペーパーで落とし蓋をし、弱火でゆっくり煮て
　　火を入れる。
2　1をフライパンで焼いて、焼き目をつける。
3　Bを混ぜ合わせてアンチョビを加え、塩で味を
　　調える。
4　2を器に盛って3をかけ、セロリの葉を散らす。

にんじんとチキンのサラダ

パンに挟めば、おいしいキャロットサンドに。

材料（2人分）
ニンジン　150g
ローストチキン　40g
塩　適量
フレンチドレッシング（p.10参照）　30g
イタリアンパセリ（粗みじん切り）　適量

1　ニンジンをせん切りにし、軽く塩をふって混ぜ、
　　下味をつける。
2　ローストチキンはほぐしておく。
3　1、2をフレンチドレッシングで和える。器に
　　盛り、イタリアンパセリを散らす。

サンドイッチに

1　バターを室温でやわらかくし、ディジョンマス
　　タードを好みの量加えて混ぜ合わせる。
2　食パンの片面に1を塗り、サラダを挟む。

にんじんサラダ（キャロットラペ）

料理の付け合わせにしたり、おつまみにしたり。
使い方の幅が広いサラダです。

材料（2人分）
ニンジン　150g
玉ネギ（薄切り）　30g
フレンチドレッシング（p.10参照）　40g
クルミ（オーブンでローストしたもの）　少量
塩　適量

1　ニンジンをせん切りにし（マンドリーヌやチー
　　ズおろしなどを使ってもよい）、塩をふってさ
　　っと混ぜ、出てきた水分をよくとる。
2　1に、玉ネギとフレンチドレッシングを加えて
　　和える。器に盛り、クルミを砕いて散らす。

BEET ビーツの美サラダ

印象的な赤い色と、美容や健康によいとされる栄養価の高さから、
このところ目にする機会の増えた野菜です。
サラダにするなら、このきれいな色を活かすといいでしょう。

ビーツと柿とクレソンのサラダ

ビーツとリンゴと赤玉ねぎのサラダ

じゃがいも、ビーツ、きゅうりのヨーグルトドレッシング

じゃがいもとビーツと卵のサラダ

ビーツと大根のサラダ

ビーツと柿とクレソンのサラダ

柿の甘みを味つけに。柿はビーツの
1/5 〜 1/4量程度がいいバランスです。

材料
ビーツ　適量
柿　適量（ビーツの1/5 〜 1/4量）
マヨネーズ　適量
ヨーグルト（プレーン）　適量
塩　少量
フレンチドレッシング（p.10参照。必用なら）　少量
クルミ（ローストして、砕いたもの）　少量
クレソン　適量

1　ビーツはゆでて皮をむき、1cm角ほどに切る。
2　柿は皮をむき、1cm角ほどに切る。
3　マヨネーズ1：ヨーグルト1の割合で混ぜ合わせ、
　　塩で味を調える（フレンチドレッシングを少量
　　加えてもよい）。
4　1、2を適量の3で和えて、器に盛る。クルミ
　　を散らし、クレソンを添える。

ビーツとリンゴと赤玉ねぎのサラダ

ヨーグルトを加えたドレッシングが、
リンゴとビーツによく合います。

材料
ビーツ　適量
リンゴ　適量
赤玉ネギ　適量
フレンチドレッシング（p.10参照）　適量
ヨーグルト（プレーン）　適量
塩、コショウ　各少量

1　ビーツはゆでて皮をむき、1cm角に切る。
2　リンゴは皮をむき、ビーツより少し小さめの角
　　切りにする。
3　赤玉ネギは、粗めに刻む。
4　フレンチドレッシング3：ヨーグルト1の割合
　　で混ぜ合わせ、塩、コショウで味を調える。
5　1、2、3を器に盛り、4を適量かける。

じゃがいもとビーツと卵のサラダ

ツナとゆで卵でコクをプラス。

材料（2人分）
ジャガイモ　100g
ビーツ　40g
固ゆで卵（粗みじん切り）　1個分
ツナ（油漬け缶詰）　適量
A
├ フレンチドレッシング（p.10参照）　20g
└ マヨネーズ　20g
塩、コショウ　各適量

1　ジャガイモは、皮付きのまま蒸して皮をむき、粗くつぶす。
2　ビーツはゆでて皮をむき、5mm角に切る。
3　Aをボウルで混ぜ合わせる。油を切ってほぐしたツナを加え、更に混ぜる。
4　3に1、2、ゆで卵を入れて和え、塩、コショウで味を調える。

じゃがいも、ビーツ、きゅうりの ヨーグルトドレッシング

歯応えの異なる3つの野菜を合わせてサラダに。
ヨーグルトとディルが爽やかです。

材料（2〜3人分）
ジャガイモ（メークイン）　60g
キュウリ　140g
ビーツ（ゆでて皮をむいたもの）　50g
A
├ ヨーグルト（プレーン）　20g
└ マヨネーズ　20g
塩、コショウ　各少量
ディル　少量

1　ジャガイモは、皮付きのまま蒸して皮をむき、1.5cm角に切る。
2　キュウリは、ジャガイモに大きさをそろえた乱切りにする。
3　ゆでたビーツは1cm角に切る。
4　Aをボウルで混ぜ合わせ、1、2、3を入れて和え、塩、コショウで味を調える。
5　器に盛り、ディルを散らす。

ビーツと大根のサラダ

ビーツの色が移り、
大根がほんのりピンク色に染まります。
シュークルートの酸味を味つけに。

材料（2〜3人分）
大根　160g
ビーツ（ゆでて皮をむいたもの）　40g
ベーコン　35g
シュークルート（ザワークラウト。市販）　20〜30g
赤ワインヴィネガードレッシング　30g
├ ◎赤ワインヴィネガー1：E.V.オリーブ油1の割合で
└ 合わせ、塩、コショウで味を調える。
塩　適量

1　大根は1cm角に切り、軽く塩をふっておき、出てきた水分をよくとる。ゆでたビーツは5mm角に切る。ベーコンは5mm角に切り、さっと湯通しする。
2　1にシュークルートと赤ワインヴィネガードレッシングを加えて和える。

TARO
里いもの和洋サラダ

里いもの魅力は、ねっとりとしたその食感。
和の調味料と相性がよく、和食にもなじみやすいサラダが作れます。

里いもと春菊と豚薄切り肉のサラダ

里いもと長ねぎと鶏もも肉のサラダ

LOTUS ROOT
とまらないれんこんサラダ

軽く火を通すとシャキシャキに、
しっかり火を入れるとホクホクに。
食べはじめると、とまりません。
食感もおいしさの大切な要素ですから、
火入れ加減は大事です。

れんこんと舞茸と雑穀の
マヨネーズ和え

れんこんのサラダ
粒マスタードマヨネーズ

れんこんと鯖のサラダ

里いもと春菊と豚薄切り肉のサラダ

西京味噌を加えたフレンチドレッシングが、
里イモによく合います。

材料（2人分）
里イモ（皮付きのまま蒸して、皮をむく）　180g
春菊　適量
豚薄切り肉　70g（好みにより増減）
塩、コショウ　各適量
オリーブ油　少量
サラダ油　少量
長ネギ（白い部分をゆでて、みじん切りにしたもの）
　少量
A
├ フレンチドレッシング（p.10参照）　50g
└ 西京味噌　20g（好みにより増減）

1　蒸した里イモは粗くつぶす。
2　春菊はさっと洗い、塩を少量まぶす。水気がつ
　　いたまま、オリーブ油をひいたフライパンに入
　　れて蒸し炒めにする。とり出して粗熱をとり、
　　細かく切る。
3　豚肉は軽く塩をふり、サラダ油を少量ひいたフ
　　ライパンに広げてさっと焼く。粗熱をとり、棒
　　状に切る。
4　Aにゆでた長ネギを加えて混ぜ合わせ、塩、コ
　　ショウで味を調える。
5　1、2、3を合わせ、4を適量加えて和える。

＊　写真は、一口大にまとめて器に盛ったもの。

里いもと長ねぎと鶏もも肉のサラダ

蒸した里イモに焼いたネギや鶏肉を
合わせることで、立体的な味わいに。

材料（2人分）
里イモ（皮付きのまま蒸して、皮をむく）　150g
長ネギ　50g
鶏もも肉　50g
塩、コショウ　各少量
サラダ油　少量
A
├ フレンチドレッシング（p.10参照）　50g
└ 西京味噌　20g（好みにより増減）

1　蒸した里イモは1.5cm角ほどに切る。長ネギは
　　グリル（またはフライパン）で焼き、食べやす
　　い幅に切る。
2　鶏肉は軽く塩をふり、サラダ油をひいたフライ
　　パンに入れて焼く。粗熱をとり、一口大に切る。
3　Aを混ぜ合わせて塩、コショウで味を調える。
4　1と2を合わせ、3を適量加えて和える。

れんこんのサラダ
粒マスタードマヨネーズ

さっとゆでたレンコンの、
シャキシャキした食感が後をひくおいしさ。

材料（2人分）
レンコン　160g
A
├ マヨネーズ　30g
├ 牛乳　10g
├ 粒マスタード　10g
└ クルミ（ローストしたものをつぶす）　適量
塩　適量

1　レンコンは皮をむいて縦半分に切り、2mm厚
　　さほどに切り、さっとゆでる。水気をとる。
2　Aをボウルで混ぜ合わせ、1を入れて和え、塩
　　で味を調える。

れんこんと舞茸と雑穀のマヨネーズ和え

もちもちとした雑穀が、
いいアクセントになっています。

材料（2人分）
レンコン　80g
マイタケ（食べやすい大きさに分ける）　40g
雑穀（市販の五穀米などをゆでる）　50g
サラダ油　適量
A
├ マヨネーズ　30g
└ 牛乳　10g
長ネギ（白い部分をゆでて、みじん切りにしたもの）
　　10g
塩　適量

1　フライパンにサラダ油をひき、マイタケを炒め
　　て軽く塩をふる。
2　レンコンは皮をむいて縦半分に切り、2mm厚
　　さほどに切り、さっとゆでる。水気をとる。
3　Aをボウルで混ぜ合わせ、ゆでた長ネギを加え、
　　塩で味を調える。
4　3に1、2、ゆでた雑穀を入れて和え、器に盛る。

れんこんと鯖のサラダ

焼いたサバの旨みを、調味料的に使います。

材料（2人分）
レンコン　140g
サバ（切り身）　40g
薄力粉　少量
塩　少量
揚げ油　適量
A
├ フレンチドレッシング（p.10参照）　40g
├ 生姜（すりおろし）　10g
├ 味噌　5g
└ 砂糖（必要なら。好みで）　少量
白ゴマ　適量

1　レンコンは皮をむいて乱切りにし、薄力粉をま
　　ぶして揚げる。
2　サバは塩焼きにし、身をほぐす。
3　Aをボウルで混ぜ合わせ、1と2を入れて和え
　　る。器に盛り、白ゴマをふる。

BURDOCK
ごぼうの食感サラダ

少し土っぽい味や香り、
繊維質の食感が持ち味です。
細切りにしたり、
さっと揚げたりすることで、
この特徴が活きてきます。

ごぼうと椎茸とクルミのサラダ

ごぼうのツナマヨネーズ

ごぼうのフリットといかのサラダ

DAIKON RADISH & TURNIP
大根、かぶの新感覚サラダ

和食では煮物が定番ですが、生でサラダにしてもおいしい。
水分の抜きぐあいで、いろいろな歯応えが楽しめます。

大根とハムのサラダ

大根と春菊のサラダ

ごぼうのツナマヨネーズ

シンプルなマヨネーズで和えるより、
深い味わいに。

材料
ゴボウ　適量
ツナマヨネーズ（作りやすい量）
├ ツナペースト（ツナをミキサーにかけて、
│ 　ペースト状にしたもの）　100g
├ フレンチドレッシング（p.10参照）　30g
├ マヨネーズ　100g
└ ◎泡立て器で混ぜ合わせる。
西京味噌　30g
塩　適量
クルミ（生またはロースト）　少量

1　ゴボウはささがきにしてゆで、水気をよく切っ
　　ておく。または素揚げしてもよい。
2　ツナマヨネーズと西京味噌を混ぜ合わせ、塩で
　　味を調える。
3　1を適量の2で和えて器に盛り、クルミを刻ん
　　で散らす。

ごぼうと椎茸とクルミのサラダ

ゴボウは粉をつけて揚げ、シイタケや
クルミは焼いて、香ばしさを加えています。

材料
ゴボウ　適量
塩　少量
薄力粉　少量
揚げ油　適量
フレンチドレッシング（p.10参照）　適量
シイタケ　少量
クルミ　少量
サラダ油　適量

1　ゴボウはささがきにして、塩と薄力粉を少量ま
　　ぶし、170℃の油で揚げる。
2　サラダ油をひいたフライパンで、シイタケとク
　　ルミを焼き、軽く塩をし、細かく刻む。
3　フレンチドレッシングに2を混ぜ合わせる。
4　1のゴボウを器に盛り、3をかける。

ごぼうのフリットといかのサラダ

しっかりとした歯応えのゴボウと、
ねっとりとしたイカの食感の違いが楽しい。

材料（2人分）
ゴボウ　100g
塩、薄力粉　各適量
揚げ油　適量
イカ（胴）　40g
A（作りやすい量）
├ フレンチドレッシング（p.10参照）　60g
├ 生姜（すりおろし）　10g
└ 醤油　少量
アサツキ（小口切り）　少量

1　ゴボウは包丁の背でたたく。適当な長さに切り、
　　塩と薄力粉を少量まぶし、170℃の油で揚げる。
2　イカはさっと湯通しし、冷水にとって締め、細
　　切りにする。
3　Aを混ぜ合わせる。
4　1と2を合わせ、3を適量加えて和える。器に
　　盛り、アサツキを散らす。

＊　ゴボウはよく水洗いし、皮付きで使用する。表面
　　の状態があまりよくないものは、包丁の背などで
　　皮を軽く削るとよい。

大根とハムのサラダ

30年以上作り続けている人気のサラダです。
大根を、繊維に添って薄い短冊状に切り、
水分を少し抜いておくのがポイント。
食感がよくなり、ドレッシングともなじみ
やすくなります。たくさん食べられるので、
多めに作るといいでしょう。

材料（4人分）
大根　300g
ハム　50g
フレンチドレッシング（p.10参照）　60g
カイワレ菜　適量
ケッパー　少量
塩、コショウ　各適量

1　大根は、9cm長さの円筒形に切って皮をむき、
　　縦に大きめの薄い短冊状に切る。軽く塩をふっ
　　て混ぜ、冷蔵庫に4〜5時間（大根によっては
　　1〜2時間）おいて水分を出す。
2　ハムは、大根に大きさをそろえて切る。
3　ボウルに水気を切った1の大根と2のハムを入
　　れ、フレンチドレッシングで和えて塩、コショ
　　ウで味を調える。
4　器に盛り、カイワレ菜とケッパーを散らす。

＊　大根は、円筒形のものを縦4枚に切り分け、それぞ
　　れの幅の狭い側を薄切りにするとよい。1枚の大き
　　さの目安は、長さ9cm、幅2.5cm、厚さ2mmほど（右
　　記のサラダも同じ）。

大根と春菊のサラダ

大根サラダのバリエーションです。
生で使う春菊は、和のハーブのよう。

材料（4人分）
大根　300g
春菊　好みの量
フレンチドレッシング（p.10参照）　60g
塩、コショウ　各適量

1　大根は、9cm長さの円筒形に切って皮をむき、
　　縦に大きめの薄い短冊状に切る。軽く塩をふっ
　　て混ぜ、冷蔵庫に4〜5時間（大根によっては
　　1〜2時間）おいて水分を出す。
2　春菊は生のまま、葉の部分はみじん切りに、茎
　　の部分は3〜5mm幅程度に切る。
3　ボウルに水気を切った1の大根と2の春菊を入
　　れ、フレンチドレッシングで和えて塩、コショ
　　ウで味を調える。

鶏胸肉と大根のロール

大根と椎茸のサラダ

かぶとリンゴとしらすのサラダ

いろいろ大根とかぶのサラダ

にんじんとクレソンと大根の甘酢サラダ

鶏胸肉と大根のロール

薄切りの大根で鶏肉を巻いた、
おもしろい仕立て方。形を少し変えるだけで、
いつもと違うサラダになります。

材料（作りやすい量）
鶏胸肉　1枚
大根（薄切り）　10枚ほど
└◎大根を、鶏肉の長さに合わせた円筒形に切り、できる
　だけ幅の広い中央部分を、縦に薄切りにしたもの。
フレンチドレッシング（p.10参照）　適量
わさび（すりおろし）　好みの量
鶏節（市販＊。またはかつお節でもよい）　適量
塩　適量

＊鶏節：鶏肉で作った削り節。

1　薄切りにした大根に塩をして少しおき、出た水
　　分をとる。
2　鶏胸肉は軽く塩をふって蒸す。繊維に沿って、
　　薄く大きいそぎ切りにする。
3　フレンチドレッシングに、好みの量のわさびを
　　混ぜ合わせる。
4　ラップフィルムの上に1の大根を縦に1枚敷く
　　（2枚ずつ敷いて作る場合は、端を少し重ねて
　　横に並べる）。大根1枚につき、2の鶏肉を1枚
　　おき、3のドレッシングをかけ、鶏節を散らす。
　　これを2、3回繰り返して大根と鶏肉を層にする。
5　下に敷いたラップを使って、4をロール状に巻
　　く。ラップをよく締めて包み、少し冷蔵庫にお
　　いて、落ち着かせる。
6　5を食べやすい大きさに切り、ラップをはずし
　　て器に盛り、3のドレッシングをかける。

大根と椎茸のサラダ

シイタケの旨みをドレッシングに加えます。

材料（3〜4人分）
大根　20cm分
大根の葉　適量
シイタケ　30〜60g（好みで）
オリーブ油、塩　各適量
フレンチドレッシング（p.10参照）　80g
塩　適量

1　円筒形の大根は皮をむき、縦4枚に切り分けた
　　後、幅の狭い側をピーラー（またはスライサー）
　　で、細長い薄切りにする。塩をふり、冷蔵庫に
　　1〜2時間おいて水分を出す。
2　大根の葉は、さっとゆでて冷水にとり、水気を
　　とる。
3　フライパンにオリーブ油を少量ひき、シイタケ
　　を入れて焼き、塩をふる。小さめに切る。
4　1の大根を、ザルなどに上げてよく水切りし、
　　器に盛る。
5　フレンチドレッシングと3のシイタケを混ぜ合
　　わせ、4の大根にかける。2の大根の葉を散らす。

いろいろ大根とかぶのサラダ

色のきれいな大根やカブ類を
薄くスライスするだけで、
華やかなサラダのでき上がり。
肉料理などに合わせると、さっぱりとします。

材料
大根、紅芯大根、カブ、赤カブなど
　（いろいろな色のもの）　適量
紫玉ネギ（小）　少量
白ワインヴィネガードレッシング　適量
├◎白ワインヴィネガー1：E.V.オリーブ油1の割合で
│　合わせ、塩、コショウで味を調える。
スプラウト　適量

1　大根、カブ類、紫玉ネギはスライサーで薄切り
　　にする（塩はふらない）。
2　1を白ワインヴィネガードレッシングでさっと
　　和えて、器に盛り、スプラウトを散らす。

かぶとリンゴとしらすのサラダ

レモン風味のドレッシングで作る、
爽やかなサラダ。
生のカブのおいしさが楽しめます。

材料（2人分）
カブ　2〜3個
リンゴ　20g
カブの葉　適量
シラス干し　適量
イタリアンパセリ（みじん切り）　適量
ヴィネグレットレモン　適量
├◎レモン果汁1：E.V.オリーブ油1の割合で合わせ、
│　塩、コショウで味を調える。

1　カブは皮をむき、薄いくし形に切る。
2　リンゴは皮をむき、5mm角に切る。
3　カブの葉は、さっとゆがいて水気をとり（生で
　　もよい）、細かく切る。
4　1、2、3を合わせ、ヴィネグレットレモンで
　　和えて器に盛り、シラスとイタリアンパセリを
　　散らす。

にんじんとクレソンと大根の甘酢サラダ

いろいろな色の大根とニンジンを、
せん切りにして合わせます。
これも付け合わせにぴったりなサラダ。

材料（作りやすい量）
ニンジン　適量
大根（白い大根、紅芯大根など好みで各種）　適量
クレソン　適量
甘酢（作りやすい量）
├酢（フルーツヴィネガーなど好みのもの）　50cc
├サラダ油　30cc
├ハチミツ　10g
├塩、コショウ　各適量
└◎混ぜ合わせる。
スプラウト　適量

1　ニンジンと大根類はせん切りに、クレソンは食
　　べやすい長さに切る。
2　1を甘酢で和えて器に盛り、スプラウトを散ら
　　す。

BEAN SPROUT, NAPA CABBAGE, JAPANESE LEEK
もやし、白菜、長ねぎのサラダ

鍋物では、おなじみの野菜たち。
鍋と同時におつまみをもう一品、
という場面にも役立ちます。

白菜と干しえびのサラダ

ねぎ、もやし、鶏の
フレンチポン酢ドレッシング

下仁田ねぎのヴィネグレットソース

MIXED
ミックスしないミックスサラダ

いろいろな素材を合わせて楽しめるのも、
サラダの魅力。全体を混ぜてしまわずに、
それぞれの素材の味や食感の違いが
楽しめる仕立て方も新鮮です。

野菜と鶏の春菊ドレッシング

焼き野菜と五穀米のサラダ

ねぎ、もやし、鶏の
フレンチポン酢ドレッシング

おつまみにもぴったりな、和風サラダ。

材料（2〜3人分）
もやし　140g
鶏胸肉　50g
長ネギ（青い部分も含む）　50g
タカノツメ（輪切り）　少量
A
├ フレンチドレッシング（p.10参照）　30g
└ ポン酢　10g
揚げ油　適量
塩　適量

1　もやしをゆでて、水気を切る。
2　鶏肉は軽く塩をふって素揚げし、短冊状に切る。
　　長ネギはさっと素揚げし、斜め薄切りにする。
3　Aを混ぜ合わせる。
4　1と2を3で和える。器に盛り、タカノツメを
　　散らす。

白菜と干しえびのサラダ

味も食感も淡い白菜に、
カリッとした干しエビの食感と旨みを加えます。

材料
白菜　適量
干しエビ（桜エビ）　適量
フレンチドレッシング（p.10参照）　適量
揚げ油　適量

1　白菜をせん切りにし、フレンチドレッシングで
　　和える。
2　干しエビは、さっと揚げて、油を切る。
3　1を器に盛り、2の干しエビを散らす。

下仁田ねぎのヴィネグレットソース

下仁田ネギの形を活かして、
ダイナミックに盛り付けました。
ネギのおいしい季節に作ってください。

材料（2〜4人分）
下仁田ネギ　2本
ベーコン　適量
ヴィネグレットソース
├ E.V.オリーブ油　90g
├ 赤ワインヴィネガー　20g
├ ディジョンマスタード　15g
└ 塩、コショウ　各適量
イタリアンパセリ（粗みじん切り）　少量

1　下仁田ネギを、やわらかくゆでる。バットにと
　　り出し、冷ましておく。
2　ベーコンは細切りにし、さっと湯通しする。
3　ヴィネグレットソースを作る。ボウルにディジ
　　ョンマスタード、赤ワインヴィネガー、塩、コ
　　ショウを入れて軽く混ぜる。ボウルの端から
　　E.V.オリーブ油を少しずつ加えながら、泡立て
　　器で全体をよく混ぜ合わせる。
4　1のネギを皿におき、2のベーコンを散らし、
　　3をかける。イタリアンパセリを散らす。

＊　作りたての温かいものも、作りおきしておいたも
　　のもおいしい。

野菜と鶏の春菊ドレッシング

野菜料理の一品として充分なボリューム。
生の春菊を、ハーブ感覚でドレッシングに
加えました。野菜は切り方や火の入れ方に
変化をつけています。使う野菜は、
季節や好みで選んでください。

材料
ジャガイモ　適量
インゲン　適量
セロリ　適量
長ネギ　適量
カブ　適量
トマト　適量
キャベツ　適量
玉ネギ　適量
鶏肉　適量
半熟ゆで卵（卵を水から入れ、沸いてから5〜7分
　　ゆでたもの）　適量
オリーブ（黒・緑）　少量
パールオニオン　少量
塩、オリーブ油　各適量
ドレッシング
├ フレンチドレッシング（p.10参照）　適量
└ 春菊（生）　適量

1　ジャガイモはきれいに洗い、皮付きのまま蒸して、半分に切る。
2　インゲンは塩ゆでし、冷水にとる。水気をとり、1〜2cm幅に切る。セロリはスジをむき、食べやすい長さに切る。
3　長ネギは食べやすい長さに切り、オリーブ油をひいたフライパンで焼く。
4　カブは厚めの輪切りにした後、棒状に切る。
5　トマトは皮付きのままくし形に切る。
6　キャベツは大きめに切った葉を塩ゆでし、自然に冷ます。
7　玉ネギは皮をむいてくし形に切り、アルミホイルで包んで、160℃のオーブンで40〜50分焼く。
8　鶏肉は軽く塩をふり、オーブンで焼く。半熟卵は半分に切る。
9　春菊はみじん切りにし、フレンチドレッシングに好みの量を加え、混ぜ合わせる。
10　1〜8を器に盛り、オリーブとパールオニオンを添え、9のドレッシングをかける。

焼き野菜と五穀米のサラダ

ドレッシングをからめた五穀米を、いろいろな
野菜に合わせて食べる、楽しい趣向です。
野菜はお好みのもので。

材料
ナス　適量
玉ネギ　適量
マイタケ　適量
長ネギ　適量
ニンジン　適量
インゲン　適量
五穀米（市販）　適量
オリーブ油、塩　各適量
ヴィネグレットソース（p.63参照）　適量

1　ナスと玉ネギは半月形に切る。マイタケは大きめに分ける。長ネギは食べやすい長さに切り、ニンジンは5mm厚さほどの斜め切りにする。
2　オリーブ油をひいたフライパンで、1の野菜を焼いて軽く塩をふる。
3　インゲンはヘタを切り落とし、ゆでて、冷水にとる。
4　五穀米はゆでて、水気を切る。
5　ヴィネグレットソースと4を混ぜ合わせる。
6　2と3を器に並べ、5をかける。

BEANS 簡単豆サラダ

市販の水煮のミックスビーンズはとても便利です。
料理の付け合わせにぴったりな豆サラダが、簡単に作れます。

いろいろ豆ときゅうり、
ベーコンのヴィネグレットソース

いろいろ豆としめじ、
いんげんのツナマヨネーズ

舞茸と半熟卵とレバーの
ヴィネグレットソース

舞茸のコンフィのサラダ

MUSHROOM 旨きのこサラダ

旨みの塊であるきのこは、シンプルな味つけで充分においしい。
いろいろな種類が出回っているので、組み合わせて使う楽しさもあります。

いろいろきのこのサラダ

きのことじゃがいもと栗のポワレ

いろいろ豆ときゅうり、
ベーコンのヴィネグレットソース

キュウリの味と食感が加わることで、
豆のサラダに軽さが出ます。

材料（作りやすい量）
ミックスビーンズ（ガルバンゾー〈ヒヨコ豆〉、マローフ
　ァットピース〈青エンドウ豆〉、レッドキドニービー
　ンズ〈赤インゲン豆〉など＊）　200g
キュウリ　45g
赤玉ネギ　25g
ベーコン　45g
ヴィネグレットソース（p.63参照）　約35g
塩、コショウ　各適量
イタリアンパセリ（みじん切り）　少量

＊ミックスビーンズ：市販のミックスゆで豆。

1　キュウリ、赤玉ネギ、ベーコンは7mm角ほど
　　に切る。ベーコンはさっと湯通しし、水気を切
　　る。
2　1とミックスビーンズをヴィネグレットソース
　　で和え、塩、コショウで味を調える。
3　器に盛り、イタリアンパセリを散らす。

いろいろ豆としめじ、
いんげんのツナマヨネーズ

便利なツナマヨを使った豆サラダ。

材料（作りやすい量）
ミックスビーンズ（ガルバンゾー〈ヒヨコ豆〉、マローフ
　ァットピース〈青エンドウ豆〉、レッドキドニービー
　ンズ〈赤インゲン豆〉など＊）　220g
シメジ（石づきを切り落とし、分ける）　50g
インゲン　2〜3本
玉ネギ（薄切り）　少量
サラダ油　適量
塩　適量
ツナマヨネーズ（作りやすい量）
├マヨネーズ　180g
├ツナ（油漬け缶詰）　60g（好みで増やしてもよい）
├◎合わせてミキサーにかけ（またはすりつぶし）、
│　ピューレ状にする。

＊ミックスビーンズ：市販のミックスゆで豆。

1　フライパンにサラダ油をひき、シメジを入れて
　　さっと炒める。
2　インゲンは、塩を加えた湯でゆでて冷水にとり、
　　水気をとり、食べやすい幅に切る。
3　ミックスビーンズ、1、2、玉ネギを合わせ、
　　適量のツナマヨネーズで和える。

舞茸と半熟卵とレバーの
ヴィネグレットソース

キノコに卵とレバーの旨みをプラスして、
食べ応えのあるサラダに。

材料（作りやすい量）
マイタケ（食べやすい大きさに分ける）　200g
鶏レバー（あれば白レバーがよい）　1個分
半熟ゆで卵（卵を水から入れ、沸いてから5〜7分
　ゆでたもの）　1個
ニンニク（軽くつぶす）　1〜2粒
オリーブ油、塩　各適量
ヴィネグレットソース（p.63参照）　適量
ベーコン（みじん切り）　少量
玉ネギ（みじん切り）　少量

1　フライパンに、オリーブ油と半量のニンニクを
　　入れて火にかける。香りが出たらマイタケを入
　　れて炒め、軽く塩をする。
2　鶏レバーは適宜に切り分けて軽く塩をふり、オ
　　リーブ油をひいたフライパンに、残りのニンニ
　　クとともに入れて焼く（あまり焼きすぎない）。
3　ヴィネグレットソースにベーコンと玉ネギを加
　　えて混ぜる。
4　皿に1、2を盛り、半熟卵を半分に切ってのせる。
　　3をまわしかける。

いろいろきのこのサラダ

温かいサラダです。
キノコはいくつかの種類を組み合わせ、
味の違いを楽しみます。

材料（3人分）
マイタケ　50g
シメジ　50g.
マッシュルーム　4個
シイタケ　2個
ニンニク（みじん切り）　適量
塩　適量
オリーブ油　適量
ヴィネグレットソース（p.63参照）　適量
イタリアンパセリ（粗みじん切り）　適量

1　マイタケとシメジは食べやすい大きさに分ける。マッシュルームは縦半分に切る。シイタケは四つ割に切る。
2　耐熱皿に1のキノコを並べ、塩とニンニクをふり、オリーブ油をまわしかけて、180℃のオーブンで6～10分焼く。
3　2のキノコにヴィネグレットソースを加えてさっと和え、器に盛って、イタリアンパセリを散らす。

舞茸のコンフィのサラダ

マイタケを、低温の油で煮てコンフィに。
ソテーとはまた違った味わいです。
大きいシイタケでもおいしく作れます。

材料
マイタケ（大きめの房）　適量
サラダ油　適量
塩　適量
フレンチドレッシング（p.10参照）　適量
味噌（好みのもの）　少量（好みの量）
長ネギ（白い部分）　好みの量

1　マイタケは、ほぐさずに房のまま塩をふって鍋に入れ、全体がかぶる量のサラダ油を加えて火にかけ、65℃でゆっくりと火を入れる（または塩をふってサラダ油をまわしかけ、160℃前後のオーブンで焼いてもよい）。
2　長ネギはゆでてみじん切りにする。
3　フレンチドレッシングに味噌と2を混ぜ合わせ、塩で味を調える（長ネギは多めのほうがおいしい）。
4　1のマイタケを器に盛り、3をかける。温かいうちに提供する。

きのことじゃがいもと栗のポワレ

こちらも温かいうちに食べたいサラダ。
ここではシイタケを使いましたが、
他のキノコでも同様に作れます。

材料（1人分）
ジャガイモ　1個
シイタケ　1～2個
ゆで栗　3個
イタリアンパセリ（粗みじん切り）　少量
オリーブ油　適量
塩　適量
赤ワインヴィネガードレッシング　少量
├◎赤ワインヴィネガー1：E.V.オリーブ油1の割合で
└　合わせ、塩、コショウで味を調える。

1　ジャガイモはよく洗い、皮付きのまま蒸して、1/2～1/4に切る。
2　シイタケは、薄切りにする。
3　フライパンにオリーブ油をひき、1のジャガイモ、2のシイタケ、ゆで栗を入れて焼き、塩で味を調える。
4　3を少量の赤ワインヴィネガードレッシングで和えて、器に盛り、イタリアンパセリを散らす。

SEAFOOD 手軽な魚介サラダ

刺身用に売られているサクどりの魚やゆでだこなど、
すぐに使える魚介を使用しています。
鮮度さえよければ、下処理済みの素材は便利です。

まぐろと山いもとセリのサラダ

まぐろのサラダ　春菊ソース

いなだのカルパッチョ
フレッシュトマトドレッシング

まぐろのサラダ　春菊ソースを使って

タルティーヌに

さわらとウドのピクルス

まぐろと山いもとセリのサラダ

和のハーブ、セリがおいしいアクセント。
魚はカツオなどでも同様に作れます。

材料（2人分）
マグロ（赤身）　100g
山イモ　100g
セリ（田ゼリ）　適量
サラダ油　適量
ポン酢　適量
長ネギ（白い部分）　少量
塩、コショウ　各適量

1　マグロは1cm角に、山イモは皮をむいて1cm
　　角に切る。
2　長ネギはゆでてみじん切りにする。
3　サラダ油1：ポン酢3の割合で混ぜ合わせ、2
　　を加え、塩、コショウで味を調える。
4　1を適量の3で和えて器に盛り、セリを散らす。

まぐろのサラダ　春菊ソース

マグロやカツオなど、味のしっかりした魚と
相性のいい春菊を、たっぷり加えます。

材料（1人分）
マグロ（赤身）　80g
春菊　2〜3本
サラダ油　適量
白ワインヴィネガー　適量
長ネギ（白い部分）　適量
塩、コショウ　各適量

1　マグロは1cm角に切る。春菊の葉はみじん切
　　りにし、茎は小口切りにする。
2　長ネギはゆでてみじん切りにする。
3　サラダ油1：白ワインヴィネガー1の割合で混
　　ぜ合わせ、2を加え、塩、コショウで味を調え
　　る（長ネギは多めのほうがおいしい）。
4　1のマグロを適量の3で和えて器に盛り、1の
　　春菊を散らす。

タルティーヌに

赤大根を薄切りにして塩をする。水気をとり、薄
切りのパンにのせ、その上に上記4のマグロのサ
ラダをのせる。

*赤大根は、味や食感を加える他、サラダの水分をパン
に染み込みにくくする役割も果たす。

いなだのカルパッチョ
フレッシュトマトドレッシング

アンディーブのほんのりとした苦みが、
いい味つけに。フレッシュトマトの
ドレッシングは、魚介類によく合います。
イナダに限らず、マグロやタイでも、
あるいはタコでも同様に作れます。

材料（1人分）
イナダ（刺身用サク）　60 ～ 80g
フレッシュトマトドレッシング（作りやすい量）
├ トマトのピュレー　50g
│├◎おいしいトマトを、目の細かい漉し器などで
│└　漉したもの。
├ 赤ワインヴィネガー　10g
├ E.V.オリーブ油　10g
├ 塩、黒コショウ　各適量
└◎混ぜ合わせる。
アンディーブ、ディル　各適量

1　イナダを5 ～ 8mm厚さに切る。
2　アンディーブは縦に細切りにする。
3　フレッシュトマトドレッシングを適量皿に敷
　き、1を盛り付ける。2のアンディーブとディ
　ルをのせる。

さわらとウドのピクルス

ピクルスにしたウドの酸味で
脂がのった魚もさっぱりと食べられます。
黒コショウがいいアクセント。

材料（1人分）
サワラ（刺身用サク）　80 ～ 100g
ウド（軟白ウド）　20 ～ 30g
塩　少量
黒コショウ　少量
ピクルス液（作りやすい量）
├ 白ワインヴィネガー　100g
├ 水　50g
├ グラニュー糖　10g
└ 塩　適量

1　ピクルス液の材料をすべて鍋に合わせて沸か
　し、冷ます。
2　ウドの皮をむき、適当な大きさに切り、1のピ
　クルス液に2日ほど漬ける。
3　サワラは食べやすい厚さに切り、皿に並べて軽
　く塩をふる。
4　3に2のウドを添え、ピクルス液をまわしかけ
　る。黒コショウをふる。

たこときゅうりのサラダ

パプリカとたこのサラダ ツナ風味

えびと雑穀のマリネサラダ

アボカドペーストとえびと
リンゴのサラダ

きゅうりとえびのケチャップサラダ

牡蠣のコンフィ
フレンチ大根ドレッシング

たこときゅうりのサラダ

食感の違いが楽しめる、
おいしい組み合わせです。

材料（2〜3人分）
ゆでダコ　120g
キュウリ　180g
パプリカ（赤・黄）　各30g
A
├ 赤ワインヴィネガードレッシング　適量
│├ ◎赤ワインヴィネガー1：E.V.オリーブ油1の
││　割合で合わせ、塩、コショウで味を調える。
├ ニンニク（みじん切り）　少量
└ 緑オリーブ（みじん切り）　少量（好みで）
塩　少量
パプリカパウダー　少量

1　ゆでダコとキュウリは一口大の乱切りにする。
　　キュウリには軽く塩をふる。
2　パプリカは2mm角に切り、軽く塩をふる。
3　Aを混ぜ合わせる。
4　1のタコとキュウリを器に盛る。2のパプリカ
　　を散らし、3を適量まわしかける。パプリカパ
　　ウダーをふる。

パプリカとたこのサラダ　ツナ風味

ツナマヨは万能。野菜にも魚介にも、
肉類にもよく合います。

材料（2人分）
ゆでダコ（食べやすい大きさに切る）　150g
ツナマヨネーズ（作りやすい量）
├ マヨネーズ　150g
├ ツナ（油漬け缶詰）　90g（好みで増やしてもよい）
├ ◎合わせてミキサーにかけ（またはすりつぶし）、
│　ピューレ状にする。
A
├ パプリカ（赤。3mm角に切り、塩をしておく）　30g
├ ニンニク（みじん切り）　少量
├ 玉ネギ（みじん切り）　20g
├ セルバチコ（みじん切り）　4〜5枚分
├ ケッパー（みじん切り）　3g（好みにより増減）
└ 緑オリーブ（みじん切り）　3g
レタス　2〜3枚

1　適量のツナマヨネーズにAを加えて混ぜ合わせ
　　る。
2　ゆでダコに、1を好みの量加えて和える。
3　皿にレタスを敷き、2を盛り付ける。

えびと雑穀のマリネサラダ

ドレッシングを含んだ雑穀が、
"食べるドレッシング"に。

材料（2人分）
小エビ（殻をむく）　10本
インゲン　2〜3本
パプリカ（赤）　20g
雑穀（市販の五穀米など。ゆでたもの）　20〜30g
玉ネギ（みじん切り）　5g
アサツキ（小口切り）　少量
塩　適量
赤ワインヴィネガードレッシング
├ ◎赤ワインヴィネガー20g、E.V.オリーブ油20gを
│　合わせ、塩、コショウで味を調える。

1　エビをゆでて、水気をとる。
2　インゲンは、塩を加えた湯でゆでて冷水にとり、
　　水気をとる。1cm幅に切る。
3　パプリカは5mm角に切り、軽く塩をふる。
4　1、2、3、赤ワインヴィネガードレッシングと
　　玉ネギ、ゆでた雑穀を和えて器に盛り、アサツ
　　キを散らす。

きゅうりとえびのケチャップサラダ

ケチャップは、軽くきかせるとバランスがいい。

材料（3人分）
キュウリ　120g
セロリ　60g
ゆで卵　1個
小エビ（殻をむく）　5〜6本
ソース（作りやすい量）
├フレンチドレッシング（p.10参照）　40g
├マヨネーズ　40g
├トマトケチャップ　20〜40g
└生クリーム　20g
塩、コショウ　各適量

1 キュウリは1cm角に切り、セロリはスジをむ
　いて5〜6mm厚さに切る。どちらも軽く塩を
　ふる。
2 ゆで卵も粗く角切りにする。
3 エビは塩ゆでして冷水にとり、水気を切って
　1cm幅に切る。
4 ソースの材料を混ぜ合わせ、塩、コショウで味
　を調える。
5 1、2、3を合わせ、4を適量加えて和える。

アボカドペーストとえびとリンゴのサラダ

ペーストにすれば、おいしいソースになる
アボカドは、とても便利。他の素材の
組み合わせにも試してみてください。

材料（2人分）
アボカド（熟したもの）　1個
レモン果汁　少量
リンゴ　適量
小エビ（殻をむく）　4〜5本
塩、コショウ　各適量
A
├◎マヨネーズ2：フレンチドレッシング
│　（p.10参照）1の割合で合わせ、
└　生クリームを少量加えて混ぜ合わせる。
ディル　少量

1 アボカドは皮をむいて小さめに切り、フォーク
　などでつぶしてペースト状にする。レモン果汁
　を少量加え、塩で味を調える。
2 1にAを適量加えて混ぜる。
3 リンゴは皮をむき、5mm角に切る。
4 エビはゆでる。
5 3と4を2で和えて器に盛り、ディルを散らす。

牡蠣のコンフィ
フレンチ大根ドレッシング

ちょっとおもしろい牡蠣の食べ方です。
大根おろしを合わせたドレッシングを
たっぷりかけてください。

材料（1人分）
牡蠣（むき身）　2個
オリーブ油　適量
塩　適量
フレンチドレッシング（p.10参照）　適量
大根おろし　適量
レモンスライス　1枚
春菊　適量

1 牡蠣に軽く塩をふって鍋に入れ、牡蠣がかぶる
　くらいのオリーブ油を加え、低温でゆっくり火
　を入れる。牡蠣がぷっくりとしてきたら、とり
　出す。
2 フレンチドレッシング3：大根おろし1の割合
　で混ぜ合わせる。
3 1の牡蠣を皿に盛り、2をかける。レモンスラ
　イスと生の春菊を添える。

MEAT
野菜もおいしい肉サラダ

肉と野菜を組み合わせると、
一皿で満足のご馳走サラダに。
野菜とドレッシングの効果で、
肉が軽く食べられます。

トレヴィスと舞茸とローストチキンのサラダ

クレソンとミニッツステーキのサラダ

鶏ささみの
梅フレンチ大根ドレッシング

トレヴィスと舞茸とローストチキンのサラダ

インパクトのある野菜の色を
効果的に使っています。

材料（2人分）
トレヴィス　4〜5枚
鶏もも肉　約80g
マイタケ（食べやすい大きさに分ける）　適量
赤玉ネギ　適量
オリーブ油　適量
塩　適量
赤ワインヴィネガードレッシング　適量
├─◎赤ワインヴィネガー1：E.V.オリーブ油1の割合で合わせ、
│　塩、コショウで味を調える。

1　鶏肉は塩をふり、マイタケにはオリーブ油を少量かけて、
　　一緒に180℃のオーブンで焼く。マイタケは焼き上がり
　　に塩をふる。
2　赤玉ネギは、厚めにスライスしてほぐす。
3　トレヴィス、1、2を器に盛り、赤ワインヴィネガード
　　レッシングをかける。

クレソンとミニッツステーキのサラダ

いつもは主役の肉と、付け合わせの野菜の
量を逆転させてサラダに。

材料（2人分）
クレソン　適量（多め）
牛薄切り肉（焼き肉用など）　2〜3枚
マッシュルーム　2個
ヴィネグレットソース（p.63参照）　適量
塩、オリーブ油　各適量
クルミ（ローストして、刻んだもの）　適量
パン・ド・カンパーニュ（あれば）　適量

1　牛肉に軽く塩をし、オリーブ油をひいたフライ
　　パンでさっと焼く。
2　マッシュルームは縦に薄切りにする。
3　クレソンを食べやすい大きさに切り、1の牛肉、
　　2のマッシュルームとさっと和えて、器に盛る。
4　ヴィネグレットソースをまわしかけ、クルミを
　　散らす。焼いたパン・ド・カンパーニュを添え
　　てもよい。

鶏ささみの梅フレンチ大根ドレッシング

ささみ肉に、さっぱりとした
梅の風味がよく合います。

材料（2人分）
鶏ささみ　2本
塩　少量
キュウリ　少量
フレンチドレッシング（p.10参照）　適量
大根おろし　適量
梅ペースト（市販）　適量
一味トウガラシ　少量

1　鶏ささみは塩をふり、少しおいてからゆでる。
2　キュウリは5mm角に切る。
3　フレンチドレッシング1：大根おろし1の割合
　　で混ぜ合わせ、梅ペーストを好みの量加える。
4　1の鶏ささみを、一口大に切って皿に盛り、3
　　に2のキュウリを混ぜてかけ、一味トウガラシ
　　をふる。

じゃがいもとリンゴの
ヨーグルトドレッシング

FRUITS フルーツを活かすサラダ

野菜とはまた違った甘みや酸味、香り、食感をもつフルーツは、サラダ素材としても
おもしろい。フルーツの割合を多くすれば、デザート感覚でも使えます。

グレープフルーツとオレンジの
ヨーグルトドレッシング

じゃがいもとパイナップルとチキンの
ヨーグルトドレッシング

おろしきゅうりのそうめんサラダ

トマト、パプリカのサルサソースのそうめんサラダ

NOODLES おつまみ麺サラダ

クセのないそうめんやパスタを、サラダの素材に。量を増やせば、
冷製の麺としても食べられます。少なめにすれば、ちょっとしたアミューズに。

舞茸と椎茸のそうめんサラダ

スパゲッティサラダ
フレッシュトマトドレッシング

じゃがいもとリンゴの
ヨーグルトドレッシング

食感の違いが楽しい組み合わせです。

材料（2人分）
リンゴ　120g
ジャガイモ　60g
レーズン（白ワインまたは水に浸けて戻す）　約20粒
A
├ ヨーグルト（プレーン）　25g
└ マヨネーズ　25g
塩　適量

1　ジャガイモは、皮付きのまま蒸して皮をむき、1.5cm角に切る（冷めてからのほうが切りやすい）。
2　リンゴは皮をむき、ジャガイモよりひと回り小さい角切りにする。
3　Aとレーズンの戻し汁適量をボウルで混ぜ合わせ、1、2、レーズンを入れて和え、塩で味を調える。

グレープフルーツとオレンジの
ヨーグルトドレッシング

デザート感覚でも使えるフルーツサラダです。

材料（2人分）
オレンジ（房から切り出した実）　80g
グレープフルーツ（房から切り出した実）　80g
A
├ ヨーグルト（プレーン）　25g
├ マヨネーズ　25g
└ オレンジ果汁　適量
塩　適量

1　Aをボウルで混ぜ合わせ、塩で味を調える。
2　1にオレンジとグレープフルーツの実を入れて和える。

じゃがいもとパイナップルとチキンの
ヨーグルトドレッシング

肉と相性のいいパイナップルを合わせました。

材料（2人分）
ジャガイモ　100g
パイナップル（皮を除いた実）　50g
鶏胸肉　40g
クルミ　適量
イタリアンパセリ（粗みじん切り）　適量
A
├ ヨーグルト（プレーン）　25g
└ マヨネーズ　25g
塩　適量

1　ジャガイモは、皮付きのまま蒸して皮をむき、1.5cm角に切る（冷めてからのほうが切りやすい）。
2　パイナップルは、1cm角に切る。
3　鶏肉は軽く塩をふって蒸し（焼いてもよい）、1.5cm角に切る。
4　クルミはオーブンでローストし、つぶす。
5　Aをボウルで混ぜ合わせ、1、2、3を入れて和える。
6　5を器に盛り、4のクルミとイタリアンパセリを散らす。

おろしきゅうりのそうめんサラダ

すりおろしたキュウリを加えることで、
麺にドレッシングがからみやすくなります。

材料（1人分）
そうめん　適量（少なめ）
キュウリ（すりおろし）　20g
A
├ 玉ネギ（みじん切り）　3〜4g
├ 緑オリーブ（みじん切り）　小1個分
├ E.V.オリーブ油　10g
├ 白ワインヴィネガー　少量
└ チキンのコンソメスープ　適量
塩　適量

1　そうめんをゆでて冷水にさらし、水気をよく切る。
2　すりおろしたキュウリにAを加えて混ぜ合わせ、塩で味を調える。
3　1を器に盛り、2をかける。

舞茸と椎茸のそうめんサラダ

おつまみにもむいています。
ソテーしたキノコが香ばしくておいしい。

材料（1人分）
そうめん　適量（少なめ）
マイタケ（ほぐす）　15g
シイタケ（薄めのくし形切り）　15g
オリーブ油　適量
塩　適量
フレンチドレッシング（p.10参照）　適量
味噌　少量
アサツキ（小口切り）　少量

1　そうめんをゆでて冷水にさらし、水気をよく切る。
2　フライパンにオリーブ油をひき、マイタケとシイタケを入れて炒め、軽く塩をする。
3　フレンチドレッシングに味噌を少量加えて混ぜ、軽い味噌風味にする。
4　器に1と2を盛り、3をかける。アサツキを散らす。

トマト、パプリカのサルサソースの
そうめんサラダ

トマトベースのサルサソースを合わせて。
ホタテなどの貝類を加えてもいいでしょう。

材料（1人分）
そうめん　適量（少なめ）
トマト　30g
パプリカ（赤・黄）　各12g
玉ネギ（みじん切り）　10g
ニンニク（みじん切り）　少量
A
├ E.V.オリーブ油　15g
└ 赤ワインヴィネガー　6g
塩、黒コショウ　各適量
イタリアンパセリ（粗みじん切り）　適量

1　そうめんをゆでて冷水にさらし、水気をよく切る。
2　トマトは皮付きのまま1cm角に切る。パプリカは5mm角に切り、塩を少量ふっておく。
3　Aを混ぜ合わせ、塩、黒コショウで味を調えて、2と玉ネギ、ニンニクを加えて合わせる。
4　1を器に盛り、3をかける。イタリアンパセリを散らす。

スパゲッティサラダ
フレッシュトマトドレッシング

パスタをサラダにするなら、
細めのものがむいています。

材料（1人分）
カッペリーニ（乾）　20g
ホタテ貝柱（刺身用）　1/2個
キュウリ　適量
塩　適量
フレッシュトマトドレッシング（p.103参照）　適量

＊魚介は刺身用のイカ、タコ、マグロ（赤身）などでもよい。

1　カッペリーニをゆでて冷水にとり、水気をとる。
2　ホタテ貝柱は4〜6等分に切り、軽く塩をふっておく。
3　キュウリは5mm角に切り、軽く塩をふっておく。
4　1、2、3を合わせてフレッシュトマトドレッシングで和え、器に盛る。

ON TOAST トーストサラダ

朝食やブランチにぴったりな、トースト＋サラダのバリエーションです。

トースト＋卵サラダ

トースト＋じゃがいもとえびのサラダ

トースト＋いろいろきのこと玉ねぎのソテー、春菊のサラダ

トースト＋じゃがいもとシュークルートと鱈のサラダ

SALSA かけるサラダ。野菜のソース

野菜で作るフレッシュなソースは、そのものがサラダ。
シンプルに調理した肉や魚介、野菜にも合わせられ、とても便利です。

トマトのサルサ

(ハーブや香味野菜、その他の素材を加えることで、さまざまなバリエーションが作れる。)

ハーブ（パセリ、セルフィーユ、イタリアンパセリ）、ブロッコリー、キュウリ、オリーブ、アサツキ、玉ネギ、ニンニクなど

フライパンで焼いた鶏胸肉に合わせて。

ほうれん草のサルサ

(ハーブや香味野菜、その他の素材を加えることで、さまざまなバリエーションが作れる。)

生ハム、シラス干し、アンチョビ、ウド、キュウリ、ケッパー、クルミなど

ゆでた魚に合わせて。

トースト＋卵サラダ

材料（1人分）
食パン（色よく焼いたトースト）　1枚
半熟ゆで卵（卵を水から入れ、沸いてから5～7分
　ゆでたもの）　1個
玉ネギ（みじん切り）　10g
マヨネーズ　30g
牛乳（必用なら）　10g
ベーコン（フライパンで焼く）　1/2枚
菜の花（塩を加えた湯でゆでて冷水にとり、
　水気をとる）　2本

1　ゆで卵を粗く切り、玉ネギとマヨネーズを加え
　て和える（マヨネーズが固い場合は牛乳でのば
　す）。
2　トーストを皿におき、ベーコン、菜の花、1の
　卵サラダをのせる。

トースト＋じゃがいもとえびのサラダ

材料（1人分）
食パン（色よく焼いたトースト）　1枚
ジャガイモ　60g
小エビ（殻をむく）　2～3本
グリーンピース　10g
A
├マヨネーズ　50g
├トマトケチャップ　10g
└玉ネギ（みじん切り）　10g
牛乳（必用なら）　10g
菜の花（塩を加えた湯でゆでて冷水にとり、
　水気をとる）　2本
塩　適量

1　ジャガイモは、皮付きのまま蒸して皮をむき、
　粗くつぶす。エビはゆでて冷まし、水分をとる。
　グリーンピースは塩ゆでし、冷水にとり、水気
　をとる。
2　Aをボウルで混ぜ合わせ（マヨネーズが固けれ
　ば牛乳でのばす）、1を入れて和える。
3　トーストを皿におき、菜の花と2のサラダをの
　せる。

トースト＋いろいろきのこと
玉ねぎのソテー、春菊のサラダ

材料（1人分）
食パン（色よく焼いたトースト）　1枚
キノコ
├マッシュルーム（縦半分に切る）　2個分（20g）
├シイタケ（縦四つ割に切る）　40g
└マイタケ（食べやすく分ける）　30g
ニンニク（みじん切り）　少量
玉ネギ（3～4mm厚さの輪切り）　適量
卵（目玉焼き）　1個
春菊　好みの量
オリーブ油　少量
フレンチドレッシング（p.10参照）　少量
塩、黒コショウ　各少量

＊キノコは好みのものでよい。

1　フライパンにオリーブ油を少量ひき、ニンニク
　とキノコを入れて炒め、軽く塩をする。輪切り
　の玉ネギもさっと焼く。
2　トーストを皿におき、1のキノコのソテー、玉
　ネギ、生の春菊をのせてフレンチドレッシング
　を少量かける。目玉焼きをのせ、黒コショウを
　ふる。

トースト＋じゃがいもとシュークルートと鱈のサラダ

材料（1人分）
食パン（色よく焼いたトースト）　1枚
ジャガイモ　60g
タラ（切り身）　50g
シュークルート（ザワークラウト。市販）　30g
イタリアンパセリ（粗みじん切り）　適量
A
├ マヨネーズ　30g
├ フレンチドレッシング（p.10参照）
│　　10g（好みで増減）
└ ニンニク（みじん切り）　適量
塩　適量

1　ジャガイモは、皮付きのまま蒸して皮をむき、粗くつぶす。タラは塩をしてさっとゆで、身をほぐす。
2　Aをボウルで混ぜ合わせる。1とシュークルート、イタリアンパセリを入れて和え、塩で味を調える。
3　トーストを皿におき、2のサラダをのせる。

トマトのサルサ

材料（作りやすい量）
トマト　100g
玉ネギ　15g
A
├ E.V.オリーブ油　30g
├ 赤ワインヴィネガー　10g
└ 塩　2〜3g
黒コショウ　少量

1　トマトは皮付きのまま5mm角に切る。玉ネギはみじん切りにする。
2　1とAをすべて混ぜ合わせ、黒コショウをふる。

ほうれん草のサルサ

材料（作りやすい量）
ホウレン草　40g
玉ネギ（みじん切り）　8〜10g
緑オリーブ（みじん切り）　5g
A
├ E.V.オリーブ油　30g
├ 白ワインヴィネガー　10g
├ 塩　約2g
└ 黒コショウ　適量
ブイヨン（なければ水でもよい）　20〜30g

1　ホウレン草はゆでて、冷水にとる。水気をとり、みじん切りにする。
2　Aを混ぜ合わせ、玉ネギ、緑オリーブ、1を加えて混ぜ合わせる。ブイヨン（または水）で濃度を調える。

＊　時間が経つと色がくすんでしまうため、ホウレン草は最後に混ぜ合わせ、時間をおかずに使い切る。

サラダ好きのシェフが考えた

サラダ好きに贈る 137のとっておきサラダ

初版印刷　2018年5月25日
初版発行　2018年6月10日

著者 ©　音羽和紀
発行者　丸山兼一

発行所　株式会社柴田書店
　　　　東京都文京区湯島3-26-9 イヤサカビル 〒113-8477
　　　　電話　営業部 03-5816-8282（注文・問合せ）
　　　　　　　書籍編集部 03-5816-8260
　　　　URL　http://www.shibatashoten.co.jp

印刷・製本　図書印刷株式会社

本書収載内容の無断掲載・複写（コピー）・引用・データ配信等の行為はかたく禁じます。
乱丁・落丁本はお取替えいたします。

ISBN 978-4-388-06285-0
Printed in Japan
©Kazunori Otowa 2018